목차

Contents

2021, 11, 28

끝없이 열리는 게이트 (비디오 프로젝션)

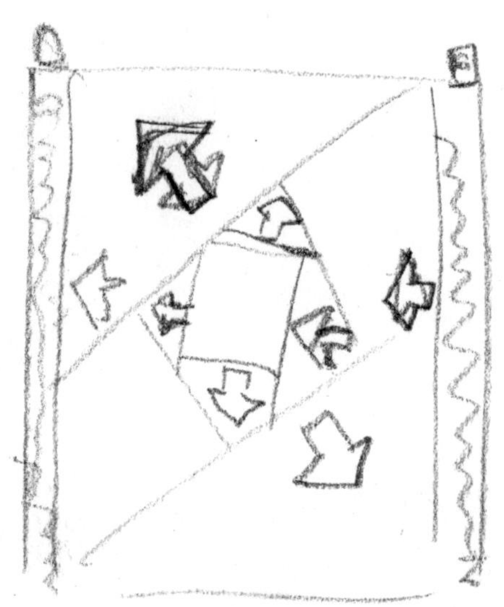

끝에는 벽이 나온다.

⇒ 각종 SF 영화에 나오는 문

등대.
회전하지만
엄청 밝은 등대
점점 엄청 빨리 돌아간다.

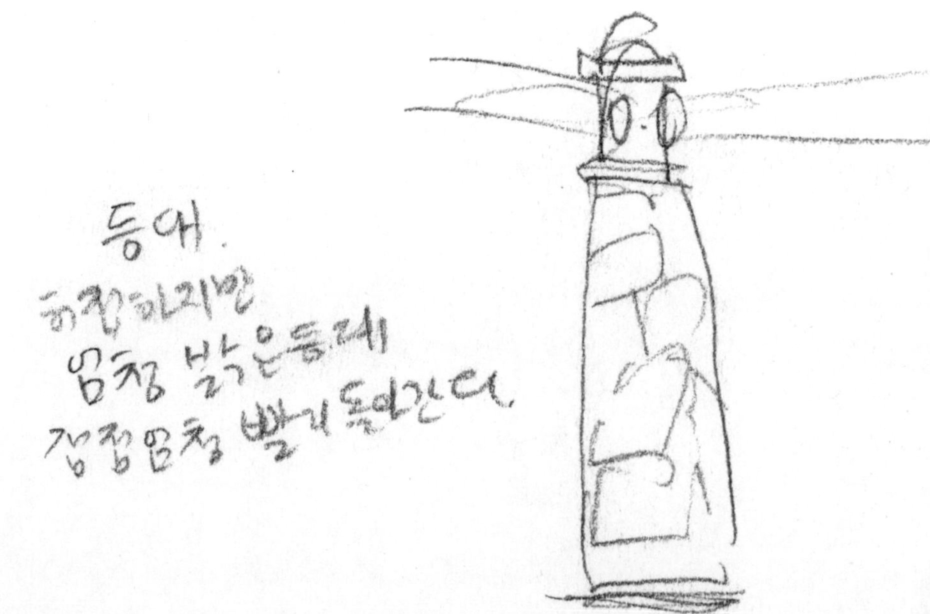

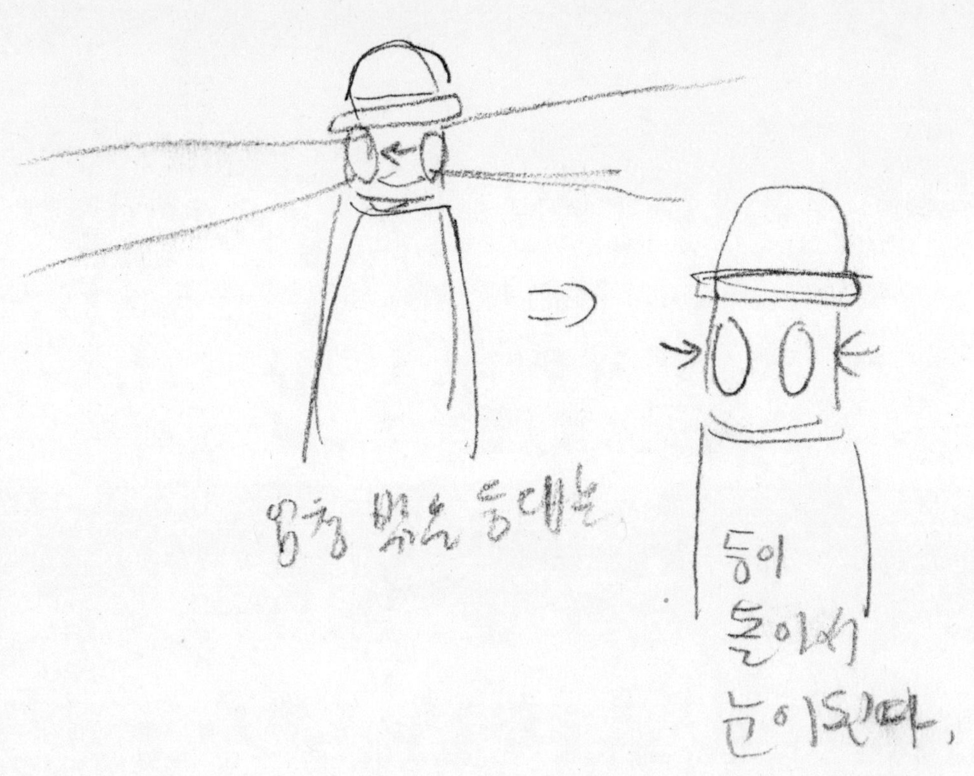
엄청 밝은 등대는,
등이
돌아서
눈이 된다,

떵 웅

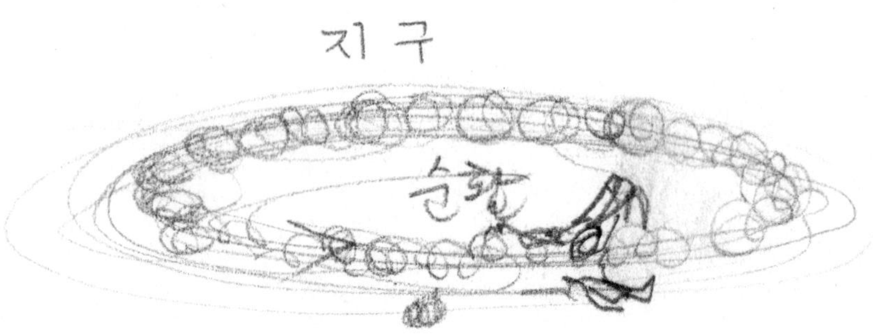
지구

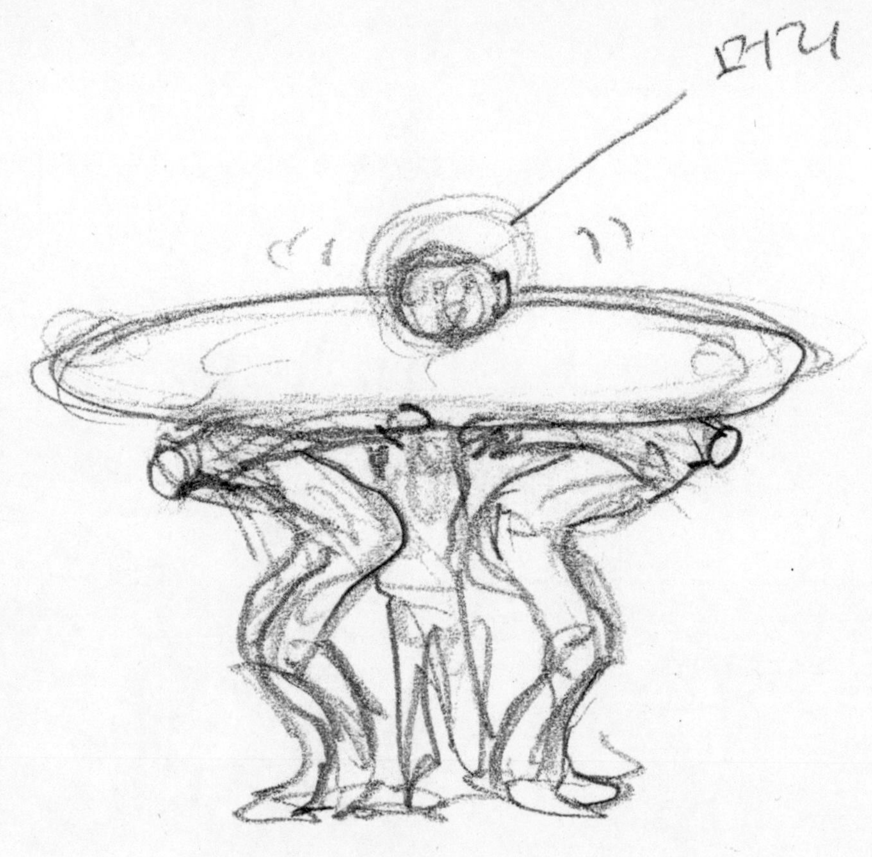
머리

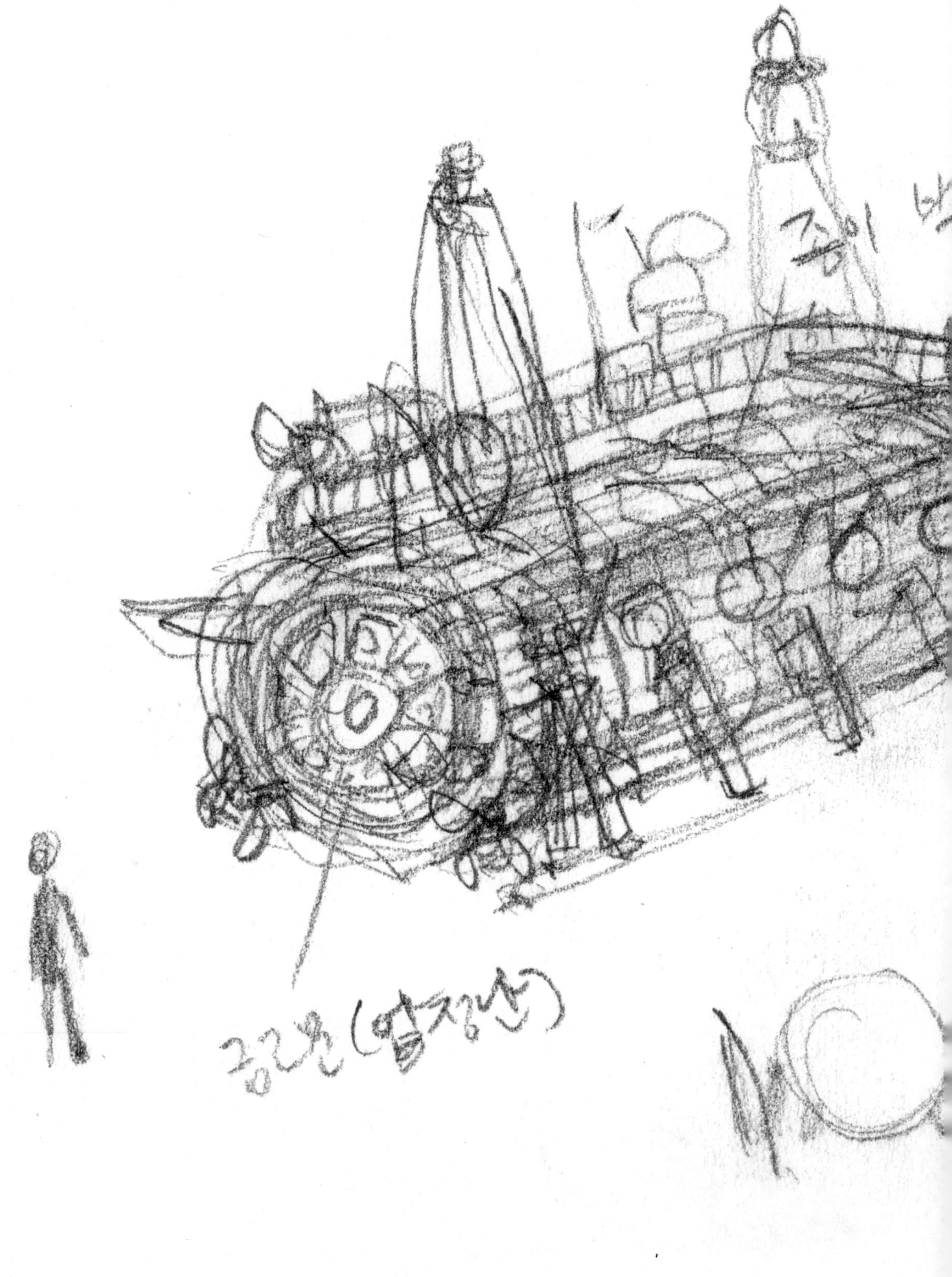

인간은 기계인가?

"우리가 신이다."

발간사
후원사 인사말
기획의 글

Foreword
Sponsor's Foreword
Curatorial Essay

발간사

윤범모 국립현대미술관장

국립현대미술관은 중견 작가를 소개하는 현대차 시리즈의 아홉 번째 전시를 개최합니다. 올해의 주인공은 최우람 작가입니다. 최우람은 1990년대 초부터 정교한 설계를 바탕으로 유기체와 같은 움직임을 구현하는 '기계생명체anima-machine'를 제작해왔습니다. 인간 욕망의 형태와 구성에 주목한 작가는 특유의 상상력과 첨단 기술을 통하여 인간 실존과 공생의 의미에 대하여 질문해왔습니다.

이번 전시는 약 30년 동안의 작업과 최근 팬데믹 상황을 겪으며 다듬은 질문과 성찰에서 비롯된 신작 위주로 구성됩니다. 거대한 배 모양의 플랫폼에 <무한 공간>, <등대>, <두 선장>, <제임스 웹>, <천사>, <닻>, <출구> 등이 함께 구성된 <작은 방주>는 모순된 상황과 가려진 진실에 대한 다양한 관점을 제시합니다. 서울박스의 <원탁>과 천장에서 회전하는 <검은 새>, 전시장 입구와 출구의 <하나>와 <빨강>은 오늘날 우리가 처한 삶의 조건을 은유하며 저마다의 성찰로 이끕니다. 복도에 설치된 <URC-1>과 <URC-2>는 신차 테스트를 마치고 버려진 자동차 부품을 이용하여 자신만의 빛을 발산하는 별로 재탄생시킨 작업입니다. 이들 작업을 구동하는 세심한 계획과 프로그램의 원천인 작가의 설계도면으로 제작된 드로잉은 유려한 움직임에 가려 보지 못했던 기계미학의 진수를 보여줍니다. 미묘한 기계음을 내는 이 크고 작은 움직임들로 채워진 «작은 방주» 전시는 보는 이로 하여금 삶에 대한 철학적 사유를 보여줄 것입니다.

«MMCA 현대차 시리즈»를 지속적으로 후원하고 있는 현대자동차에 다시 한번 감사의 말씀을 올립니다. 그리고 신작 제작을 위해 애써준 최우람 작가와 스튜디오 동료들, 신작 관련 도움을 주신 모든 협력자들, 소장품을 대여해준 울산시립미술관, 전시 도록의 원고를 작성해주신

Foreword

Youn Bummo, Director, National Museum of Modern and Contemporary Art, Korea

Now in its ninth installment, the *MMCA Hyundai Motor Series* annually introduces major works by one of Korea's most renowned artists. This year's featured artist is Choe U-Ram, who since the early 1990s has been producing his famed "anima-machines," incredible robotic organisms with unique narratives and uncanny movements realized through highly sophisticated designs. Combining advanced technology with an extraordinary imagination, Choe has created a fascinating menagerie of mechanical creatures that compel us to ponder the shape and composition of human desire amidst the profound social changes triggered by technology, as well as the meaning and significance of symbiosis for human existence.

The bulk of the exhibition consists of new works stemming from the ideas and questions that the artist has now been contemplating for more than thirty years, filtered through the lens of the recent pandemic. For example, *Little Ark*—which is composed of the individual works *Infinite Space*, *Lighthouse*, *Two Captains*, *James Webb*, *Angel*, *Anchor*, and *Exit*—is a huge platform shaped like a ship, presenting various perspectives on the ambiguous contradictions and the hidden truth of contemporary life. Other striking metaphors can be found in *Black Birds* (which rotates on the ceiling of the Seoul Box), *Round Table* (located at the Seoul Box), *One*, and *Red* (located at the entrance and exit). In the hallway, *URC-1* and *URC-2* shine like the stars, emitting light from discarded parts that were once used to test new cars. Also displayed are many of Choe's drawings, which are like blueprints representing the meticulous plans, sophisticated programs, and mechanical aesthetics concealed within the smooth movements of the works. Pulsating with these diverse movements and subtle mechanical sounds, the exhibition *Little Ark* is certain

전문가들과 그 외 도움 주신 모든 분들, 끝으로 전시 구현에 애쓴 우리 미술관 가족에게 감사의 말씀을 전합니다.

to inspire visitors with deep philosophical thoughts about the essential values of life.

I would like to thank Hyundai Motor for its continued support of the *MMCA Hyundai Motor Series*, and for allowing visitors to experience Choe U-Ram's solo exhibition *Little Ark*. Of course, I must also express my gratitude to the artist himself and his studio staff, who worked diligently to create these amazing new works, along with all the collaborators who provided support in realizing the works. I also thank Ulsan Art Museum for loaning part of their collection, the experts who wrote articles for the exhibition catalogue, and finally, the wonderful partners and staff of MMCA for their outstanding effort to make this unique exhibition a reality.

후원사 인사말

정의선 현대자동차그룹 회장

지나온 문명의 역사 속 인류의 진보에 대한 열망은 기계를 통해 실현되어 왔고, 최근 인공지능과 로보틱스 등으로 확장된 모빌리티는 인간과 기계의 새로운 관계에 대해 질문합니다. 전지구적 위기를 넘어 새로운 희망을 꿈꾸는 지금, 인간과 기계를 단순한 대립항이 아닌 공생과 동반의 관계로 보는 것이 우리가 바라는 '더 나은 미래'를 위한 방향과 더욱 닮아 있다는 생각이 듭니다.

«MMCA 현대차 시리즈 2022: 최우람 – 작은 방주»는 지속가능한 인류의 미래에 대한 깊이 있는 성찰을 주제로 합니다. 기계생명체를 통해 인간, 기계, 자연 간의 관계를 탐구해온 작가는 팬데믹 기간 중에도 우리 사회를 움직이게 한 택배 종이 상자들을 켜켜이 쌓아 벽을 세웁니다. 하지만 곧 벽이 서서히 열리면서 노가 되고, 종이배는 노를 저으며 항해를 시작합니다. 이 종이배를 마주하며 매우 기본적이지만 바쁜 일상 속에 묻혀버린 질문, '우리는 무엇을 열망하고, 어디로 향해야 하는가'에 대해 고민하게 됩니다. 배가 방향을 잃지 않고 방주가 되어 또 다른 희망의 시작이 되기 위해서는 지금 우리가 각자의 자리에서 공생을 위한 책임을 다해야 한다는 사실을 새삼 되새겨 봅니다. 또한 여럿이 함께 짊어지고 있는 커다란 원판 위에 끊임없이 구르고 있는 하나의 머리, 코로나 기간 의료진들이 착용했던 방호복이 모여 피우는 하나의 꽃 등은 '인간적임'의 의미와 함께하기에 '살아있음'을 다시 한번 생각해 볼 수 있는 기회를 제공합니다.

어느새 «MMCA 현대차 시리즈»가 아홉 번째 해를 맞았습니다. 이번 현대차 시리즈는 특히 현대자동차그룹 로보틱스랩이 기술 자문으로 참여하여 '인류를 향한 진보Progress for Humanity'에 기여하고자 하는 현대자동차의 바람이 전시를 통해 확장될 수 있었다는 점에서 매우

Sponsor's Foreword

Euisun Chung, Executive Chair, Hyundai Motor Group

Throughout history, human civilization has been shaped by the desire to pursue progress through technology. As a result of recent advancements in robotics and artificial intelligence in the field of mobility, machines are becoming increasingly pervasive in human life. As we now begin to rebuild from the global COVID-19 crisis, we can once again dream of "a better future," which I believe will be based on the symbiosis and coexistence of humans and machines, rather than their opposition.

MMCA Hyundai Motor Series 2022: Choe U-Ram – Little Ark represents a comprehensive investigation into the possibilities of a sustainable future for humanity. Choe U-Ram, whose previous "anima-machine" artworks explored the relationship between humans, machines, and nature, has constructed a wall of cardboard boxes used to ship online purchases, which contributed significantly to the survival of our society during the pandemic. To our amazement, the wall transforms into oars that propel a massive paper boat as it sets sail. This boat reminds us of the fundamental questions buried beneath our hectic daily lives: "What do we aspire to? Where do we anticipate going?" If this boat is to remain on course, serving as an ark that brings new hope, each of us must fulfill individual responsibilities for living together in a shared world. This perspective is reflected in the other featured artworks, such as the sculpture of a single head that rolls continuously on a gigantic disc supported by a large number of headless people, and the flowers made from the PPE fabrics worn by frontline workers during the pandemic. These intriguing works of art invite us to reconsider what it means to be human and to remember that we are alive because of our interconnectedness.

The ninth exhibition of the *MMCA Hyundai*

고무적이라 생각합니다. 이와 같은 예술과 기업의 긍정적 협업의 기회를 제안한 최우람 작가에게 감사드립니다. 마지막으로 전시를 위해 오랜 기간 힘써 주신 윤범모 관장을 비롯한 미술관 관계자분들께 깊은 감사의 말씀을 전합니다.

Motor Series is currently underway. We are especially excited about this year's exhibition, in which Hyundai Motor Group's Robotics LAB participated as a technical advisor. In this way, the exhibition reflects Hyundai Motor's ongoing commitment to contributing to "Progress for Humanity." I would like to thank Choe U-Ram for bringing forth such a meaningful collaboration between the arts and industry. Lastly, I would like to express my gratitude to Director Youn Bummo and the entire staff of MMCA for their tireless efforts to ensure the success of this exhibition.

하찮고도 숭고하게: 욕망의 밤바다를 슬기롭게 항해하는 방법에 관하여

김경란, 국립현대미술관 학예연구사

> 진정한 경험은 현실과의 접촉을 제한하고 접촉에 대한 분석을 심화할 때 얻어진다. 그렇게 할 때 감성이 확장되고 깊어지는데, 왜냐하면 이미 우리 안에는 모든 것이 있기 때문이다. 우리가 할 일은 그것을 찾아 내는 것, 그리고 어떻게 찾는지를 알아내는 것이다.[1]

모든 것이 가능할 것 같던 세상에서 갑자기 닥친 바이러스의 공포로 인해 그 누구와도 접촉할 수 없는 상황에 갇혔을 때에도 다행히 우리는 전세계 뉴스를 접하며 세상과의 연결을 유지했었다. 그때 우리가 본 것은 재난이 모두에게 같은 모습으로 찾아오지 않는다는 사실. 경계 없이 공기를 떠도는 바이러스마저도 사회적 약자, 의료의 손길이 닿지 않은 곳, 우리가 평소에 중요하게 생각하지 않았으나 우리와 함께 존재했던 '보이지 않았던' 사람들에게 더욱 가혹하다는 현실이었다. 우리는 세상을 얼마나 알고있고 어디까지 볼 수 있을까? 곧 닥칠지도 모를 수많은 재앙 앞에서 우리는 어디로 가야 하는가? 이 혼돈의 시대에 나는 무엇을 욕망하는가? 나의 욕망은 진정 내가 욕망하는 것일까? 이 욕망에는 끝이 있을까? 우리의 존재에 대해 질문할 수밖에 없는 상황 덕분에 원하던 원치 않던 저마다의 답을 구하기 위한 여정은 이미 시작되었다. 그렇다면 우리가 어떤 배를 타고 어느 바다를 건너야 하는지, 무엇보다 어디를 향해 나아갈 것인지가 이 여행의 목적이 될 것이다. 이에 기계생명체의 창조주에서 항해의 설계자가 된 최우람의 «작은 방주» 전시는 어쩌면 우리가 항로를 탐색할 때 작은 실마리를 제공해줄지도 모른다.

탑승

최우람이 미술 대학 재학 시절 처음 시도한

1 페르난두 페소아, 『불안의 책』, 오진영 역, 2015, 문학동네, p. 180 (텍스트 138).

Being Insignificant and Sublime: On How to Wisely Sail the Night Sea of Desires

Kim Kyoungran, Curator, National Museum of Modern and Contemporary Art, Korea

> *True experience comes from restricting our contact with reality while increasing our analysis of that contact. In this way our sensibility becomes broader and deeper, because everything is in us – all we need to do is look for it and know how to look*[1]

Even at the height of the Covid-19 pandemic, when we were isolated and forbidden to contact other people, we were still able to stay connected by receiving news from around the world. What we witnessed taught us that disasters do not strike everyone in the same way. The virus, which floats through the air heedless of borders, was most harmful to the underprivileged, those without proper access to medical care, the unseen people who are always with us but never considered as important. In such a world, how much do we really know? How far can we see? In the face of more inevitable disasters, where should we go? In this hour of chaos, what do I desire? Is what I think I desire actually what I desire? Is there any end to this desire? Since we as humans are compelled to ponder the nature of our existence, our journey to find answers to these questions has already begun. But it is still up to us to choose which ship we will take and, most importantly, where we are going. Some crucial clues about our route and destination can be gleaned from the exhibition *Little Ark* by Choe U-Ram, the former producer of "anima-machines" who is now dedicated to mapping out ontological voyages.

Setting Sail

For around thirty years now, since his days as an art student, Choe U-Ram has been fabricating the acclaimed kinetic sculptures that have become his signature works. With

1 Fernando Pessoa, *The Book of Disquiet*, trans. Richard Zenith (New York: Penguin Books, 2003), 123 (from text 138).

'움직이는 조각'은 약 30여 년이 흐른 지금까지 작업의 주축을 형성하며, 그 핵심은 생명체의 본질인 '움직임'과 기계문명을 추동하는 인간의 욕망에 대한 탐구에 있다. 작은 규모의 작업실에서 기초 구상부터 기술 설계, 제작까지 도맡아 하면서 그가 세상에 내어 놓은 기계생명체들은 정교한 움직임과 놀라운 디테일로 주목받았고, 자연과학적 지식에 상상력을 입힌 이야기를 곁들여 그들의 신비로운 생명력을 믿게 만들었다. 자신을 드러내기 보다는 겸손한 '구도자-엔지니어'인 최우람은 작품의 제작 의도를 거창하게 설명하는 일 없이, 묵묵히 기계생명체의 완성도를 놀라운 경지로 끌어올렸고 이 과정에서 작품에 투입된 기술력이 구현하는 움직임의 효과에 이목이 집중되면서 작업이 가지는 함의와 작가의 일관되고 오랜 성찰이 빚어낸 지향은 충분히 다뤄지지 않았다.

초창기에 최우람 작업을 살펴보면 이미 작가의 시선은 도시, 사회, 체제 속 삶의 양태와 그 작동원리로서의 인간 욕망을 향하고 있었다. 이에 대한 예시로는 체제 속 개체의 자유와 한계를 다룬 <유 아 프리>(1994), 존재하지만 보이지 않는 힘 혹은 '드러나지 않음invisiblity'의 위력을 탐구한 <고 아웃 투 인사이드>(1997), 사회 속 인간의 욕망을 들여다보는 <매스 히스테리아>(1998), 도시를 호흡하게 하는 전선들이 핏줄처럼 얽히고 뻗어가는 모습을 아무도 관심을 두지 않는 도심 속 담쟁이 풍경으로 담아낸 <전기담쟁이>(1998), 다 마시고 길거리에 버린 음료수 캔을 안식처 삼은 집게의 은밀한 사생활을 다룬 <캔-크랩>(2000)과 <리사이클링>(2000) 등을 꼽을 수 있다. 비록 1990년대 말부터 식물, 곤충, 동물과 유사한 기계생명체들을 본격 제작하면서 작가가 만들어내는 환영과 같은 움직임이 주로 회자되었고, 설계-프로그래밍 역량이 경지에 이른 후에야 작가는 그동안 품어 둔 가슴 속

their sophisticated motions and astonishing details, Choe's wondrous creations explore movement as the core of life itself, while also contemplating the human desire that drives machine civilization. Working from his small studio, Choe not only designs and oversees the complex production of his "anima-machines," but also conjures fascinating stories for each one, making us truly believe in their mysterious existence. As such, each work exemplifies the ideal combination of scientific knowledge and artistic imagination. Rather than taking the spotlight himself, the humble "seeker-engineer" chooses to remain in the shadows of his creations, quietly pushing them closer to perfection without explaining their grand meaning or purpose. Over the years, as technological advancements have allowed their movements to become more lifelike, Choe's anima-machines have steadily garnered more attention worldwide, but his ultimate objective has remained a mystery.

Looking back at his early works, we can see that Choe was always interested in exploring the influence of human desire on various modes of life within cities, systems, and society at-large. This interest is evident in works such as *You Are Free* (1994), which considers the freedom and constraints of individuals in a system; *Go Out to Inside* (1997), which examines the force of "intended invisibility" and the workings of hidden power; *Mass Hysteria* (1998), which focuses on human desires inherent in society; *Electric Vine* (1998), which imagines tangled wires as an urban bloodline, enabling a city to breathe while escaping our notice; and *Can-Crab* (2000) and *Recycling* (2000), which reveal the secret life of hermit crabs that take refuge in discarded beverage cans. Starting in the late 1990s, Choe actively produced anima-machines inspired by plants, insects, and animals, but people still tended to focus primarily on their

이야기를 슬쩍 꺼냈다. 통신전선이 칭칭 감겨 악몽과 같은 오싹한 모습으로 날갯짓하는 <허수아비>(2012), 황금빛의 신전과 같은 공간 속에 검은 비닐봉지가 나부끼는 <파빌리온>(2012), 어린 시절의 친숙한 놀이기구인 회전목마가 제어를 잃고 광기에 가깝게 돌아가는 <회전목마>(2012)는 화려하고 번쩍거리는 표면만 보느라 우리가 애써 외면하고 은폐한 지점을 건드린다.

그의 시선은 도시의 숨은 골짜기 어딘가에서 발견한 작은 개체로부터 작은 생명들이 모여 집단을 이루면서 이룩한 진보와 그만큼의 문제가 복잡하게 맞물려 진화하는 거대 생명체로서 도시 생태계와 사회구조를 향했다. 조화, 균형, 공존이라는 생명의 기본 원칙이 자주 어긋나는 현실에서 어디로 가야하는지, 누가 우리를 구원할 수 있을지에 대한 질문이 선명해져 갔다. 이 해답을 구하는 과정이 최근에 공개된 <오르비스>(2020), <태양의 노래>(2021)에서 드러나는데, 대안, 그 너머의 세상, 새로운 가치를 탐험하기 위해 날개 같은 노를 움직이는 모습을 취한다. 그런데 이런 대안 탐색 혹은 구원의 매개로써 거대한 배에 대한 상상은 작가의 어린시절 그림에서도 기원을 엿볼 수 있다. 작가가 7세때 그린 밑그림(설계도) 속 로봇과 물고기는 여느 아이들의 그림처럼 외관이 묘사된 것이 아니라 내부 구조가 해부도처럼 그려진 튼튼한 구조의 공간으로 제시되어, 전쟁의 가능성, 반공 교육, 자원 고갈과 같은 시대의 불안과 위협으로부터 우리를 안전한 곳으로 데려가주는 도피 로봇이었기에 <작은 방주>의 원형이라 볼 수 있다. 이는 단지 이번 신작이 어린 시절의 꿈을 현실화했음을 뜻하지 않는다. 작가는 어린 시절부터 생존 위기와 그로부터의 탈출에 대한 고민을 해왔고, 기술이 눈부시게 발전한 오늘날 우리는 더 극심한 위기를 앞두고 스페이스X, 제임스 웹 같은 탈출구를 모색하는 상황 속에 있으며, 작가는 그 대안을 모든 기술력이 집중된

mesmerizing movements. Thus, in the 2010s, after his design and programming abilities had reached a certain level, the artist subtly shifted his emphasis to the heartfelt stories behind his creations, which had thus far been overlooked. This impulse led to works such as *Scarecrow* (2012), in which cables form a spectral being with flapping wings; *Pavilion* (2012), in which a black plastic bag flutters aimlessly inside a structure resembling a golden temple; and *Merry-Go-Round* (2012), a carousel of horses that rotates increasingly faster and faster until it seems to spin out of control. All of these works touch places that we typically try to hide and ignore, wishing only to see the bright and colorful surface.

Choe's fascination with the tiny inhabitants of the hidden corners of a city eventually led to his more recent explorations of urban and social structures as "super-organisms" that have evolved through the complicated interactions of countless small creatures. In a world in which basic principles of harmony, balance, and coexistence are routinely violated, the artist's questions about where we are going and who can lead us there are becoming clearer. This is demonstrated by *Orbis* (2020) and *Song of the Sun* (2021), both of which feature appendages resembling oars or wings that might take us in search of alternate realities, other worlds, or new values. In fact, Choe has been imagining a huge vessel that might carry us to salvation since his childhood, as demonstrated by a drawing of a robot and fish that he made when he was just seven years old. This is no ordinary childhood drawing, however, as the robot and fish have internal structures that resemble anatomical maps. In fact, this robot is actually an escape pod that might save people from the anxieties of possible war, anti-communism rhetoric, and resource depletion. As such, it may be seen as a prototype for *Little Ark*.

기계장치인 '로봇-방주'의 형태로 일관성 있게 제시한다는 의미이다. 요컨대, <작은 방주>는 최근에 우리가 함께 겪은 팬데믹, 전쟁, 기후변화 등의 극적인 상황에서 탄생했다기 보다는 사회 속에서 보편적인 인간 실존에 대한 작가의 오랜 고민 및 성찰과 그동안 연마된 설계-프로그래밍 실력에 최첨단 기술이 융합되어 오늘날을 비유하는 적절한 '로봇-방주' 형태로 제작된 것이라 하겠다. 오래된 근본적 질문이 오늘의 형태를 갖춘 것이다.

이번 전시에서 다루는 항해의 여정에는 특별한 순서가 존재하지 않는다. 설치된 모든 작품은 뉘앙스와 재료 등 표현의 차이만 달리할 뿐 작가가 오래 숙고한 질문과 가치지향을 공유하고 있기 때문이다. 그러나 전시 공간인 서울관 지하층의 서울박스, 5전시실, 복도로 이어지는 일반적 관람 동선을 따라 전시의 흐름과 맥락을 정리하여 다양한 항로 중 하나로 소개하고자 한다. 서울박스에서 오늘 우리의 현실을 극적으로 보여주고, 5전시실에서 이런 현실을 초래한 인간 욕망을 재구성하여 '방주'와 여러 요소로 펼쳐낸다. 혼란스럽고 모순된 상황이 가중되는 '방주의 춤'은 우리의 질문을 더욱 날 서게 하고 우리를 둘러싼 안개를 조금씩 걷어내 준다. 5전시실 뒤쪽과 복도에서 이르러 우리는 다시 공존, 공생, 조화, 균형의 이치를 담은 생명의 에너지와 각자의 방향성에 대한 지표를 얻어 저마다의 별을 찾는 단계로 나아간다.

1악장. 매우 빠르게[2] – 오늘날의 초상

서울관의 상징적인 공간인 서울박스의 한

2 이 글의 소제목은 '열정'이라 불리는 베토벤의 피아노 소나타 23번의 구성을 적용하였다. 이 곡은 1804-1806에 걸쳐 작곡된 대표적인 베토벤 중기 시대 작품으로 피아노 소나타의 역작으로 꼽힌다. 1악장은 격렬한 고통과 애처로운 전율을 일으키고, 2악장은 격정 뒤 찾아오는 안식과 슬픔이 내면으로 잦아들며, 3악장에 이르면 운명을 거부하는 듯한 힘찬 전주와 폭풍우를 불러일으키는 구성을 취한다.

While it might be a stretch to claim that Choe's new work is the realization of a childhood dream, his early drawing reminds us that concerns about escape and survival have always been with us. Recently, the quest to concentrate our most advanced technology into some type of "robot-ark" has advanced dramatically, as demonstrated by the rise of SpaceX and the launching of the James Webb telescope. Contrary to our belief, however, *Little Ark* is not a reaction to the collective crises that we have recently faced—pandemic, war, climate change, etc.—but rather the culmination of the artist's long contemplation of human life and social coexistence. Combining his adept programming skills and cutting-edge technology, he has simply provided a new answer to an age-old question.

First Movement, *Allegro Assai* - Portrait of the Contemporary Era[2]

In the center of Seoul Box, a quintessential symbol of the entire museum, sits a black *Round Table*. Moving closer, we notice that this table is supported not by ordinary legs, but rather by people covered in straw, who hold the tabletop on their backs. As these figures alternately crouch and stand, the edge of the tabletop moves up and down, causing a round head on the table to roll around. It seems as if the headless people are struggling to raise their upper bodies in order to gain possession of the head. But even though the head rolls all the way to the edge of the table, it never rolls

2 The subtitles of this article refer to Beethoven's Piano Sonata No. 23, or "Appassionata." Composed from 1804 to 1806, this piece is widely considered to be the masterpiece of Beethoven's middle period, and one of the greatest piano sonatas of all-time. After the intense pain and pathos of the first movement, the second movement yields the inner peace and sorrow that inevitably follows passion. Finally, the third movement consists of a stormy, powerful composition that seems to reject fate.

가운데에 검은색 <원탁>이 놓여 있다. 가까이 다가가면 일반적인 탁자 다리가 아니라 지푸라기로 뒤덮인 인간 형상이 납작 엎드려 등으로 둥근 테이블을 받치고 있음을 알게 된다. 그리고 테이블 가장자리를 빙 둘러 위치한 지푸라기 몸체들은 자신의 차례가 되면 테이블을 들어 올려 테이블이 아래위로 움직이고, 거기에 따라 테이블 위에 놓인 둥근 머리 하나가 여기저기 굴러다닌다. 마치 머리가 없는 몸체들이 머리를 갖길 갈망하며 힘겹게 상체를 들어 올리려 애쓰는 것처럼 보인다. 오히려 어서 자기 차례가 주어지길 기대하면서 규칙적이고 숨가쁜 운동을 멈출 기색이 없는 것 같다. 누가 머리를 차지할 것인가? 머리는 테이블 가장자리 근처에서 움직이지만 결코 테이블 상판을 벗어나지 않기에, 어쩌면 그 누구도 머리를 차지할 수 없는 설정일수도 있다는 짐작도 가능하다. 하지만 머리를 원하지 않아도 테이블 하단에 고정된 이들은 몸을 들어올렸다가 허리를 숙이는 동작 말고는 이 경쟁에서 벗어날 방법이 없다. 그리고 저 높이 천장에서는 검은 날개를 활짝 펼치고 유유히 회전하는 <검은 새>가 원탁의 움직임을 응시한다. 저 아래에서 벌어지는 치열한 우두머리 싸움 혹은 해방될 수 없는 노동의 굴레를 지켜보며 낙오자를 기다리는 여유일까? 자신들과는 상관없는 지푸라기 몸체의 투쟁을 오락거리나 게임으로 여기고 원탁으로 비유된 둥근 세상을 내려다보는 것인가? 아니면 지푸라기 몸체들이 결코 가질 수 없는 저 하나의 머리를 노리는 또 하나의 경쟁자인가? 혹은 평온한 일상을 단번에 앗아가 버리는 재앙의 모습인가?

폐종이박스를 잘게 잘라 이어 붙여 완성한 <검은 새>, 인공 지푸라기를 감싸고 묶어 제작한 <원탁>의 지푸라기 몸체만 보면 최우람의 기존 작업에서 흔히 등장하지 않았던 남루한 재료가 전면에 등장하여 의아함을 자아낸다.

off. Thus, we can only conclude that no one will ever acquire the head. But even if these people are not really vying for the head, they are still trapped in a competition from which there is no escape. Meanwhile, up near the ceiling, three *Black Birds* spread their wings and float in lazy circles, silently watching the movements of the table. Are the birds just detached spectators, leisurely waiting to see who might escape this arduous battle and emerge victorious? Do they view this fierce battle as entertainment, or a game? Or are they also competing for the single head that the straw people can never get? Maybe this scene represents yet another disaster that threatens to violate our peaceful daily life.

As opposed to the sleek and sturdy materials that we have come to expect from Choe U-Ram, the *Black Birds* are made with recycled cardboard boxes, while the people beneath the table are covered with artificial straw, adding a further touch of desperation to their absurd struggle. But we must look past the shoddy surface in order to understand what is really driving the movement of the straw bodies. The movement of the head is tracked by a motion capture camera and controlled by a programmed algorithm, which precisely calculates the weight and rotational speed needed to keep it moving smoothly around the giant table (4.5 meters in diameter) without falling off. Therefore, the tense interplay of this odd ensemble is only made possible by the tremendous intelligence and scientific ingenuity of the artist. The pairing of *Round Table* and *Black Birds* also evinces the “strawman fallacy” from the field of logic, wherein one raises a false or exaggerated example in order to obscure the true essence of an argument. Above all, these works suggest our current tendency to focus solely on the surface of various systems and situations, while the

그리고 지푸라기라는 소재는 처절한, 어쩌면 비극적인 투쟁 혹은 노동을 더욱 극적으로 보여준다. 하지만 이 지푸라기 몸체의 움직임 이면을 놓쳐서는 안된다. 모션 캡쳐 카메라가 추적하는 머리의 움직임을 비전 인식 및 제어 알고리즘으로 풀어낸 프로그램의 사용, 지름 4.5미터의 거대한 원탁을 매끄럽게 움직이도록 하기 위해 무게, 회전속도 등을 정교하게 계산한 설계에 이르기까지 <원탁>과 <검은 새>의 긴장감 넘치는 합주를 완성하기 위해 엄청난 기술이 동원되었다. 이 이중성은 논쟁의 핵심을 가린 채 거짓 주제를 내세워 논쟁을 이끄는 '밀짚맨 strawman의 오류'와 연결된다. 경쟁 체제를 가동하는 원리, 문제의 원인, 사건의 본질은 가려진 채 우리의 시선이 표면(재료와 움직임)에 머무르게 되는 현실에 대해 질문하는 것은 아닐까?

발길을 옮겨 5전시실의 입구에 다다르면, 진회색 벽을 바탕으로 피고 지기를 반복하는 한송이의 흰 꽃을 마주하게 된다. <하나>를 구성하는 커다란 꽃잎들이 움직일 때마다 서로 스치며 바스락거리는 종이 소리를 내는데, 한지를 닮은 이 소재는 코로나19에 대응하는 의료진들의 방호복 소재 타이벡Tyvek이다. 생과 사가 급박하게 교차하던 현장에 있던 이들뿐 아니라 충격과 두려움 속에서 위기를 몸소 체험한 동시대인에 바치는 헌화이자 애도의 시간이다. 시작과 끝, 삶과 죽음이 무수히 반복되듯 <하나>가 피고 지는 모습은 현재를 살아가는 인간 존재가 시공간적으로 하나로 연결되어 있음을 의미한다. 작가가 <하나>를 통해 건네는 조심스럽고 따스한 위로를 안고, 우리의 오늘날을 구성하는 욕망의 구조 속으로 들어가보자.

2악장. 느리고 활기차게 – 쉬지 않고 다음 악장으로 : 모순된 욕망의 춤에서 출구를 찾다

operating principles and the cause of problems remain hidden.

Sprouting from a dark grey wall at the entrance of Gallery 5 is a large white flower entitled *One*, which repeatedly blooms and withers. With every movement, the petals rub against one another, producing a rustling sound. This flower is an offering of condolence to everyone who experienced the shock and fear of the Covid-19 pandemic, from the medical workers who bravely faced life and death to the ordinary people whose lives were suddenly disrupted. The blooming and withering of *One* symbolizes the endless cycle of life and death that connects us all within this space and time. With this message of unity, Choe U-Ram provides a warm and gentle sense of comfort before we delve into the structure of desire that composes our daily lives.

Second Movement, *Andante con moto – attacca*: Escaping the Dance of Contradictory Desires

Gallery 5 is dominated by *Little Ark*, along with several related works with a nautical theme: *Lighthouse*, *Two Captains*, *James Webb*, *Angel*, *Anchor*, *Infinite Space*, and *Exit*. Through careful arrangement, this striking assemblage of works seems to be floating in the spacious gallery (7 meters in height). At the center is *Little Ark*, the flagship of the exhibition, which indeed consists of a large ship with a total of thirty-five pairs of oars on either side, made with black iron and cardboard painted white. At first, the fragile white paper oars are motionless and pulled in close to the body, like a wall that alienates us. But then the oars slowly start to rise, and the magnificent dance of the ark begins. But this dance can only be understood in the context of the surrounding works.

천고가 7미터에 달하는 5전시실에는 가운데 <작은 방주>를 중심으로 <등대>, <두 선장>, <제임스 웹>, <천사>, <닻>, <무한 공간>, <출구>와 같이 배 혹은 항해와 관련된 주제의 작업들이 공간 속에 부유하듯 배치되어 있다. 먼저 가운데 놓인 대형 신작 <작은 방주>는 검은 철제 프레임에 흰색을 칠한 폐종이상자가 덧대어진 35쌍의 노가 좌우로 도열해 있는 큰 배 혹은 '궤'의 모습이다. 다소 허름한 흰 종이 노를 몸체에 바짝 붙이고 정지한 순간은 우리와 단절된 벽처럼 존재하다가 서서히 노를 들어올리며 장엄한 군무를 시작하고 노의 앞뒤가 바뀌면서 출렁이는 흑백의 물결은 항해의 기대를 고조시킨다. <작은 방주>가 추는 춤의 의미는 작품 주변의 요소들과 연계하여 살펴보아야 한다. 배 중앙에 높이 솟은 <등대>에서 등을 맞댄 두 개의 조명은 찬찬히 전시장을 비추며 길을 모색하는 듯하다가 어느 순간 두 조명등이 나란히 위치하여 전시장과 관람객을 감시하듯 응시한다. 밤바다의 배가 길을 잃지 않도록 도와야 할 <등대>는 스스로 배 위에 올라타 빅브라더 혹은 파놉티콘의 역할을 수행한다. 이 <등대> 앞뒤로 정반대 방향을 바라보는 <두 선장>이 있다. 그리고 각 선장은 <제임스 웹>이라는 우주 망원경을 지침 삼아 아득히 먼 심우주의 시간을 염원한다. 항해의 총책임자가 둘이나 있고 서로 등을 맞댄 채 반대 방향을 가리키는 것도 모자라 당장의 목표가 아닌 심우주를 쫓는 모습은 이 항해의 목적뿐 아니라 항해 자체에 의구심을 품게 한다. 정박한 것인지 항해 중인 것인지, 연결된 것인지 끊어진 것인지 모호한 <닻>, 성공적 항해를 기원하는 야심찬 뱃머리 장식 대신 삶의 의지를 놓아버린 듯 지친 한 사람의 모습을 한 <천사>, 배의 뒤에 위치해 무한히 증폭되는 시공간을 비유하며 욕망의 끝없음을 보여주는 <무한 공간>은 좀처럼 우리가 기대하는 구원과 해방을 약속할 것 같지 않다. 모순이 극대화된 양가적 상황 속을 떠돌며 이

Rising from the center of the ship is the towering *Lighthouse*, which contains two back-to-back lights that methodically scan the gallery, as if searching for a path. Periodically, however, the two lights are aligned side by side, becoming a pair of eyes that monitors our every move. Thus, the *Lighthouse*, which is supposed to help passing ships navigate in darkness, has been transposed onto the ark, where it takes on a new role as "Big Brother" or the panopticon. Flanking the *Lighthouse* are *Two Captains*, who are looking in opposite directions. Each captain peers into the distance using a replica of the James Webb space telescope, as if they are determined to sail deep into the cosmos. But the fact that the ship has two navigators going in opposite directions, who are looking at distant space rather than their immediate surroundings, raises many doubts about the purpose and prospects of the voyage. Nearby is the *Anchor*, but it is completely detached from *Little Ark*, making it impossible to tell if the ship is anchored or sailing. The ship's figurehead, entitled *Angel*, is slumped in exhaustion, a far cry from the strong, proud bow decorations that are meant to ensure a successful voyage. Meanwhile, *Infinite Space* expands the time and space of our desire into infinity, seemingly crushing any hope for salvation and liberation. After wandering around this space of maximum contradiction and ambivalence, we finally arrive at the *Exit*. However, this *Exit* is not one door, but an endless series of doors that continuously open and close, assuring us that there is no way out. Watching the dance of the ark, which gradually breaks down as if it were malfunctioning, while listening to the immersive ambient sound that fills the space, we are forced to ask, where is this voyage headed? Is there any exit at all?

Most people are familiar with the story of Noah's ark from the Bible, but that ark is

욕망의 공간에서 방황하다가 드디어 <출구>라고 명명된 문 앞에 도착한다. 벽면에서 끊임없이 새로운 문이 열리지만 또 다른 닫힌 문이 제시되는 이 <출구>는 결국 무수히 많은 문 중에서 우리의 출구가 없음을 단언하는 것일까? 공간을 가득 채우고 몰입감을 더하는 앰비언트 사운드와 어우러져 점차 제어를 잃고 고장난 것처럼 움직이는 '방주의 춤'을 보며 우리는 질문한다. 무엇을 향한 항해인가? 출구란 존재하는 것인가?

우리에게 익숙한 방주는 '노아의 방주' 이야기일 것이다. 성서에서 등장하는 방주는 사각형의 궤로 항해를 위한 것이 아니라, 대홍수의 환란을 견디고 영생을 약속 받는 믿음의 장소로 묘사된다. 그렇기 때문에 오랫동안 배는 '교회'의 이미지와 결부되었고, 교인들의 영혼을 목적지로 인도하는 선장과 승무원이 교부의 역할로 비유되었다. 종교적 의미를 차치하고도 인생을 하나의 항해에 빗대는 전통은 고대로부터 이어져왔고, 여러 문화에서 생과 사의 경계를 강 혹은 바다와 비유해왔다. 아마도 오디세우스의 항해 이야기로 대표되는 고대 문학에서의 항해의 비유가 기독교 사상으로 융합 발전된 것이라 보는 견해가 지배적이다. 인생이 항해에 비유되는 것은 저마다의 속도와 방식으로 숙명적 죽음에 이르는 삶이 거친 풍랑을 헤쳐 목적지에 도달하는 항해와 흡사하기 때문이리라. 그런데 전통적 항해의 이야기와 비유는 대게 목적지에 대한 의심은 없다. 그것이 천국이던, 죽음이던, 혹은 신대륙의 발견이던 간에 말이다.

하지만 최우람은 목적을 다시 생각해봐야하는 방향 상실의 시대에서 항해의 의미를 묻기 위해 <작은 방주>에 수많은 모순적 장치를 설정했다. 천문학적인 투자비용을 바탕으로 실현된 <제임스 웹>이 새로운 우주의 이미지를 보내주고 있는 오늘, 작가는 질문한다. 우리는 지금 테크놀로지의 힘으로 또 다른 신을 찾고 있는

described not as a nautical ship, but rather as a sanctuary of faith, a massive square box that withstands the deluge and carries the promise of eternal life. Ships have long been associated with churches, with the captain, who is responsible for safely guiding the souls of the crew to their destination, taking on the role of the father. Even outside of religious contexts, life has always been compared to a journey, and many cultures around the world have represented the boundary between life and death as a river or sea. Some have argued that the story of Noah's ark is simply a Christian amalgamation of voyages from ancient literature, exemplified by Homer's *The Odyssey*. Life does indeed seem like a type of voyage, as each of us follows an unpredictable course and sails at our own pace towards the ultimate destination of death, encountering many storms and rough seas along the way. Significantly, however, in sailing stories and metaphors, there is usually no doubt about the destination, whether it be heaven, death, or a new continent.

In contrast, with *Little Ark*, Choe U-Ram has installed numerous images of confusion and contradiction that strongly suggest a loss of direction and purpose. For example, isn't the new James Webb space telescope, built at tremendous expense and launched into orbit to provide new images of the universe, just another way of searching for God with the help of technology? Ever since Nietzsche proclaimed God's death, we have been scouring the heavens for any sign of the new God. As depicted in *Round Table*, the leaders of our chaotic era have been too focused on the competition for heads and have thus taken us in the wrong direction. Instead of lighting the path forward, they have turned their intense gaze back at us. The golden angel is not a spiritual deity who protects us and leads us to the afterlife, but an

것은 아닌가? 니체가 신의 사망을 진단한 이후 새로운 신은 탄생하지 않았기에 누구나 신의 자리를 엿보고 있다. 혼란한 시대를 지휘해야 할 리더들은 <원탁>에서 보듯 '우두머리 경쟁'에 몰두하며 엉뚱한 방향을 가리키고, 길 잃은 배를 인도해야 할 등불은 도리어 우리를 감시한다. 찬란한 황금빛의 천사는 인간을 보호하고 다음 세계로 이끄는 영적 존재라기 보다는 자기 자신도 구원하기 힘든 지친 모습이다. 출구마저 벽으로 막힌 이 상황에서 우리는 어디로 가야 하는가? 우리의 욕망을 모두 싣고 우리를 안전한 곳으로 데려다 줄 방주가 있을까? 그런 방주가 있을리도 없지만, 있다고 한들 그 크기와 무게로 인해 안전한 항해는 불가능할 것이다. 무엇보다 방향을 잃은 배에게 허락되는 것은 고장난 '방주의 춤'과 같은 혼란과 방황밖에 없다. 이처럼 방향 상실의 시대의 부조리한 단면을 대면하는 것은, 우리 자신의 방향을 질문하고 스스로를 구원할 필요성의 전제 조건이 된다.

한편 최우람의 <작은 방주>는 르네상스 시기에 쓰여진 제바스티안 브란트Sebastian Brandt의 『바보배』를 상기시킨다. 1494년에 출간되어 전 유럽에서 널리 읽힌 이 책에서는 그 시대의 단면을 '바보배'로 그려내어 세상의 어리석음을 비추는 거울 같은 역할을 하였다. 최우람의 <작은 방주>는 오늘날의 혼란과 재앙을 초래한 욕망을 모순된 상황으로 제시하고 근본적 질문으로 자신만의 방향을 찾을 필요성을 성찰케하는 경험을 제공하려 한다. 500여 년의 세월이 흘러 최우람이 보는 세상의 모습이 브란트의 시대에 수많은 바보들의 모습으로 포착된 것과 별반 다르지 않다는 사실은, 인간 욕망의 오랜 역사를 반증한다. 그렇다, 이제는 더 이상 돌이킬 수 없는 벼랑 끝에서, 지구상의 인류 멸종을 수십년 내로 고지받는 상황에서도, 우리의 욕망은 끝도 없이 춤을 춘다. 브란트는 책의 말미에 바보배의 항해를 마치는 닻을 내리며 말했다: "이 책이

exhausted being who cannot even save himself. In this situation, where even the exit is blocked by a wall, where can we go? Is there really an ark that can carry all of our desires and bring us to safety? Of course not. And even if such an ark somehow existed, it would be much too huge and heavy to actually sail. Like every ship that loses its direction, we are left to wander aimlessly in confusion, just like the broken dance of the ark. Yet we must face this absurd sense of disorientation in order to question our direction and save ourselves.

Choe's *Little Ark* also recalls *Ship of Fools* (1494) by Sebastian Brandt, an allegorical tale that was widely read throughout Europe during the Renaissance. Holding up a mirror to the world's folly, the book views certain people and practices of the time through the metaphor of a "ship of fools." Like Brandt, Choe U-Ram also attempts to reveal the underlying desires that have caused our current confusion and disaster, raising fundamental questions that may help us regain our direction. Although more than 500 years have passed, the world that Choe sees is not so different from the one described by Sebastian Brandt, testifying to the deep roots of human desire. Even as we balance precariously on the edge of a cliff, with the possibility of human extinction becoming ever more feasible, we continue our endless dance of desire. At the end of his book, Brandt drops the anchor for his voyage of fools, writing, "This book serves for sound teaching and enlightenment, and to raise awareness of the folly of foolishness, blindness, and stumbling among all human cities and tribes."[3] Can we ever stop the dance of the ark and find a way out?

3 Sebastian Brandt, *Das Narrenschiff (Ship of Fools)*, Marix Verlag, 2013, Korean trans. by Noh Sungdo (Seoul: Antiquus, 2007), 340.

바른 교훈과 깨우침에 소용되고, 인간의 모든 도시와 종족들 사이에서 벌어지는 바보짓과 맹목과 실족의 어리석음에 경종을 울리기 위해 썼다."[3] 과연 우리는 '방주의 춤'을 멈추고 출구를 찾을 수 있을 것인가?

3악장. 빠르게 그러나 지나치지 않게 – 급속도로 : 자신만의 항해를 설계하다

방향에는 정답이 없지만, 적어도 방향을 진지하게 고민하는 이들에게 36점의 '설계 드로잉'은 모종의 나침반이 되어줄지도 모른다. 작가가 영감을 받아 작품을 구상하는 순간부터 거대한 방주의 춤이 완성되기까지의 모든 정보가 들어있는 설계도면이 이번 전시를 통해 최초로 공개된다. 출력한 도면이 아니라, 자신이 직접 설계한 도면을 전사하고 아크릴 물감으로 수행하듯 선을 그린 드로잉 작업은 압도적인 움직임과 재료의 디테일에 가려져 있었지만 작가의 모든 작품을 실현시키는 열쇠이자 생명의 지도이다. 엄청난 기술 발전의 시대는 모든 것이 가능하다고 믿게 만든다. 제임스 웹을 위시한 우주 경쟁은 그동안 인류가 상상하지 못한 새로운 챕터를 열어줄 것만 같다. 전에 없이 쏟아지는 정보는 마치 평등한 사회가 구축된 것 같은 착각을 준다. 그러나 실상 예전보다 오늘날 은밀한 믿음이 깊숙이 퍼지고 있고, 더욱 난폭하고 불평등한 계급주의가 작동하고 있다. 혼란스러운 세상의 외피 안에 숨어서 실제 세상을 움직이는 힘이 존재하는 것처럼, 늘 존재했지만 드러나지 않았던 드로잉을 통해 이제 우리는 숨겨진, 가려진, 보이지 않는 저 너머를 생각해야 함을 알 수 있다. 중요한 것은 눈에 보이지 않기 마련이므로.

이 많은 질문을 품고 5전시실 뒤쪽 공간으로

3 제바스티안 브란트, 『바보배』, 노성두 옮김(원전: *Das Narrenschiff (Ship of Fools)*, 2013, Marix Verlag), 2007, 안티쿠스, p. 340.

Third Movement, *Allegro ma non troppo – presto*: Designing Our Own Voyage

At any given moment, there is no way of knowing the best direction forward with absolute certainty. But for those who are willing to look, Choe U-Ram's thirty-six Design Drawings might serve as a type of compass. For the first time ever, Choe has chosen to exhibit his design drawings, which document the entire production of the works, from their initial conception to the final dance in the exhibition. Unlike ordinary printed drawings, they are each painted by Choe himself with lines of acrylic paint. These drawings are the key to unlocking the artist's works and his map of life, which have thus far remained hidden behind the celebrated movements and details of the final works. In this era of rapid technological advancement, we have come to believe that anything is possible. Space exploration, driven by the James Webb telescope, promises to open new pathways that humanity has never imagined, while the ongoing deluge of data and information nurtures the illusion that we are living in an egalitarian society. But in reality, nefarious beliefs are more deeply rooted than ever, and our society remains hopelessly divided by inequality and classism. Choe's design drawings, which have always existed but have never been shown, remind us that the crux of the matter always lies beneath the surface. The most important things are invisible to the eye.

These and other questions are swirling through our mind as we enter the room behind Gallery 5, where we discover *Red*, which emits a red light while repeating the cycle of blooming and withering seen earlier with *One*. Indeed, both works are from the same series, and they are intended to help us face the contradiction and confusion of the present by infusing us with the intense energy of life. Once again, we realize that these vivacious petals, which stubbornly insist on blooming even though

들어서면 붉은 빛을 내뿜는 작은 방에서 피고 지기를 반복하는 <빨강>을 마주하게 된다. 5전시실 입구에 있던 <하나>와 같은 시리즈의 신작인 <빨강>은 앞서 본 방향 상실의 모순되고 혼란스러운 상황을 잊고 다시금 강렬한 생명의 에너지와 대면케 한다. 언젠가 저물 것을 알고도 뜨겁게 꽃잎을 피워내는 힘겨운 현실도 생명 순환의 일부임을 다시금 깨달으면서 그 모든 상황에도 불구하고 오늘을 충실히 살아내는 생명의 본질, 생과 사의 중첩된 역사와 함께 호흡해 본다. 그 옆에 '지금-여기-우리'를 내면으로 이끄는 작품이 이어지는데, 정신과 마음의 중심에서 균형과 조화의 빛과 에너지를 발산하는 <샤크라 램프>의 순환과 확장의 움직임과, 우리의 꿈과 희망, 진심의 이야기에 귀 기울이는 황금빛 날개를 가진 생명체 <알라 아우레우스 나티비타스>가 그것이다.

방향을 상실하고 위기가 거듭되는 오늘날 우리는 무엇을 좇아야 할까? 누구나 하는 이 질문에 대해 작가는 5전시실 출구쪽 벽면 위쪽에서 두 팔을 활짝 벌리고 빛을 발하는 <사인>을 제시한다. 두 팔을 벌리고 발을 뻗은 도상은 반갑게 우리를 맞이하는 사람, 금빛 광배를 두르고 우리를 인도하는 신, 헬멧을 쓰고 저 먼 우주를 탐험하는 우주인 등 다양한 의미로 해석될 수 있다. 이 십자 형태는 하늘과 땅이 통하는 우주축이라는 보편적 상징성뿐 아니라 네 방위 어디로도 뻗어 나갈 수 있는 열린 방향성을 내포한다. 앞서 살펴본 <작은 방주>가 우리를 구원해줄 수 없을뿐더러 수많은 욕망이 혼재된 복잡한 상황에서 방향을 잃게 되는 현실을 체험했던 우리에게 <사인>은 이제 수시로 바뀌는 상황에 휘둘리지 말고 우리 스스로가 우리 자신을 믿고 구해야하며, 지구라는 거대한 방주에 탄 우리가 각자의 신이 되어 자신의 방향을 모색해야 함을 알려주는 듯하다. 즉, <사인>은 어디로 뻗어 나가든, 그 출발점은 '참 나'여야 함을 알려주는 지표이다. 아마도 우리 인생이라는

they are destined to die, embody the cycle of life. This awareness allows us to inhale the essence of life, the overlapping existence of life and death that faithfully abides under any circumstances. Other works in the room help us to fully engage with the here and now. With its expansive circular movements and emission of light, *Cakra Lamp* re-enacts the energy of balance from the center of the heart and mind, while *Ala Aureus Nativitas* are a golden-winged creatures that listen to our hopes, dreams, and truths.

In this time of perpetual crisis and disorientation, what should we pursue today? In response to this question that we are all asking, Choe U-Ram presents *Sign*, an illuminated figure with outstretched arms, found near the exit of Gallery 5. This image might be a person welcoming us with open arms, a god with a golden halo who will guide us, or an astronaut in a space helmet exploring the distant cosmos. Notably, the figure also takes the shape of a cross, implying the cosmic axis of the sky and earth or a compass indicating the four cardinal directions. In any case, *Sign* is here to help us overcome the complex and contradictory reality that *Little Ark* cannot save us from. Unswayed by the constantly shifting circumstances, *Sign* seems to be a reminder that we must believe in and save ourselves, that all of us aboard the huge ark of the earth must become our own god and find our own direction. The starting point for every journey must be our true self. And perhaps that is also our destination.

In the hallway, we encounter the final works of the exhibition: *URC-1* and *URC-2*, which are made from the headlights and taillights of cars that had to be scrapped after undergoing safety testing. By connecting lights that momentarily served human desire before being discarded, Choe U-Ram created this pair of shining stars

여행의 목적지는 각자의 '참 나'일지도 모른다. 복도에는 자동차 연구소에서 실험용으로 사용하다가 폐기된 차에서 전조등과 후미등을 모아 둥그렇게 이어 붙인 조각 <URC-1>, <URC-2>가 환한 빛을 발하며 우리의 길을 밝혀준다. 인간의 욕망을 위해 잠시 쓰였다가 이내 버려진 재료를 소생시켜 그 무엇보다 빛나는 별로 만든 작가는 우리의 시간을 수천 수만 광년 떨어진 과거와 연결시킨다.

순풍이 함께 하길

수많은 모순과 불합리 속에서 존재에 대해, 가치 기준에 대해, 올바른 방향성에 대해 근원적인 질문을 던지는 이 전시는 한편의 부조리극을 연상시킨다. 우리는 스스로 만든 감옥에서 살고 있다는 말이 있다. 이 감옥에서 해방시키는 힘은 현재의 나에 대한 정확한 판단력일 것이다. 비록 상황이 쉬이 바뀌지 않아도 상황에 대한 인식이 바뀌면 자신만의 방향 설정은 의미를 갖는다. 물질 세계가 인간의 의식을 비추는 거울이듯 최우람의 <작은 방주>는 우리가 처한 현실을 재구성한 오늘날의 초상과 같다. 작가가 생각한 방주란, 우주를 표류하고 있는 지구이고, 우리는 이미 그 지구라는 방주에 타 있는 공동 운명체이다. 더욱이 우리의 다음 순간을 설계하는 외부의 신은 존재하지 않는다. 우리 스스로가 자신의 항로를 설계해야 하며, 우리의 구원자는 결국 우리 자신임을 다시금 생각해 보아야 하는 순간이다. 브란트가 말하듯 재앙이 손끝에 스치는데도 눈치 못 채는 바보가 되지 않기를 바라며,[4] 작가는 바다에 나가는 우리에게 필요한 행운과 순풍을 기원한다.

> 신이 와서 '나는 존재한다'고 말할 때까지
> 기다려서는 안된다.
> 자신의 힘을 스스로 밝히려 하는
> 그런 신은 의미가 없다.

to illuminate our path, connecting our time with the distant past, tens of thousands of light-years away.

Fair Winds and Following Seas

In the midst of endless contradictions and irrationalities, this exhibition acts like an absurdist theater, raising fundamental questions about our standards of value, proper direction, and overall existence. It has often been said that we live in a prison of our own making. If so, the only way to free ourselves from this prison is to truly know our present self. Even if the circumstances of the world seem impossible to change, an accurate perception of the situation can give meaning to our choice of direction. Just as the material world is a mirror that reflects human consciousness, Choe U-Ram's *Little Ark* is like a portrait or reconstruction of the present. In fact, the ark that Choe envisioned is nothing less than our planet. As passengers on this ark called "Earth," drifting through space, we have a shared destiny, and there is no outside god to serve as our captain. We must chart our own course, and we must become our own saviors. As Brant wrote, "I hope that there are no fools who fail to notice when disaster strikes at our fingertips."[4] In this spirit, Choe U-Ram wishes us good luck and fair winds as we venture out to sea.

> *You must not wait for God to come to you*
> *And say 'I exist.'*
> *A God who admits his strength*
> *has no purpose.*
>
> *You have to know that God has been blowing through you*
> *since the beginning,*
> *and if your heart is glowing and tells you nothing,*
> *then he will create in it.*[5]

태초부터 그대의 내면에서
신은 바람처럼 존재하고 있음을 알아야 한다.
그대의 마음이 알고 그것을 입 밖에 내지 않을 때
신은 그대의 마음 속에서 창조하는 것이다.[5]

4 브란트, p. 315.

5 라이너 마리아 릴케, 「신이 와서 Du darfst nicht warten, bis Gott zu dir geht」 (1898년 5월 18일, 비아레조에서 쓰여진 시, 출처: http://rainer-maria-rilke.de/020098nichtwarten.html).

4 Brandt, 315.

5 Rainer Maria Rilke, "Du darfst nicht warten, bis Gott zu dir geht (written on May 18, 1898, from Viareggio)," from *Die Gedichte von Rainer Maria Rilke* (http://rainer-maria-rilke.de/020098nichtwarten.html)

작품

Works

원탁 (2022), **검은 새** (2022)

서울박스 상부에서 회전하는 <검은 새> 세 마리는 아래에서 움직이는 <원탁>을 응시한다. 4.5미터 지름의 <원탁>은 가장자리를 아래위로 움직이며 상판의 기울기를 변화시키고, 그 경사를 따라 둥근 머리의 형상이 이리저리 굴러다닌다. 조금 더 다가가서 살펴보면 상판의 움직임을 만드는 것은 원탁 테두리 아래에 위치한 18개의 지푸라기 몸체임을 알 수 있다. 머리가 없는 지푸라기 몸체가 등으로 힘겹게 원탁을 밀어 올리는 모습은 마치 원탁 위 머리를 차지하기 위한 제스쳐 같아 보이지만 그 결과는 머리를 더 멀리 밀어내 버리는 역설적인 상황을 가져올 뿐이다. 일견 하나의 머리를 두고 벌이는 치열하고 끝없는 경쟁의 현장처럼 보이지만, 조금 더 찬찬히 작품의 움직임을 살펴보면 이 싸움의 숨겨진 면을 보게 된다. 이 원판을 기울이는 힘은 가운데 있는 구동부의 작용일 뿐이며, 원탁 가장자리 아랫면을 따라 등허리가 고정된 지푸라기 몸체들은 자신들의 의사와 상관없이 고단한 움직임을 강요받고 있다. 머리를 차지하는 경쟁에 관심이 없어 되려 머리를 밀어내는 것인지, 하나의 머리를 차지하기 위한 몸부림인지 알 수 없지만, 개체의 욕망과 상관없이 하나의 머리를 중심으로 한 투쟁이 강제된 시스템을 어렴풋이 짐작할 수 있다. 원탁을 받치는 몸체의 재료가 인공 지푸라기라는 점은 논쟁의 실제 주제는 논박되지 않고 거짓 주제로 대체되는 밀짚맨strawman 오류와 연결된다. 이 경쟁 체제를 가동하는 핵심 원리는 가려진 채 지푸라기 몸체의 움직임만을 보여 주는 <원탁>은 알베르 까뮈Albert Camus가 고대 그리스 신화에서 굴러 떨어질 것을 알고도 바위를 밀어 올리는 벌을 반복하는 시지프스의 상황을 두고 부조리라고 평한 것을 상기시킨다. 그리고 다시 고개를 들어 저 멀리 떨어져서 이 형벌과 같은 굴레를 유유히 지켜보는 <검은 새>로 시선을 옮겨 보자. 경쟁에 뒤쳐지는 희생자를 기다리는 먹이사슬의 연장인지, 불합리한 경쟁과 상관없는 세계에 속한 존재 혹은 계층의 은유인지, 세 마리의 새로 비유된 또 다른 체계의 팽팽한 긴장과 아슬아슬한 균형인지는 관람자의 해석에 열려있다.

<원탁> *Round Table*, 2022
알루미늄, 인조 밀짚, 기계 장치, 동작 인식 카메라, 전자 장치
aluminum, artificial straw, machinery, motion capture camera, electronic device
110 x 450 x 450 cm

<검은 새> *Black Birds*, 2022
폐 종이 박스, 금속 재료, 기계 장치, 전자 장치
recycled cardboard boxes, metallic material, machinery, electronic device
가변설치, dimensions variable

Round Table (2022) and ***Black Birds*** (2022)

Hovering high above, three *Black Birds* look down upon the exhibition space, watching the odd movements of the large *Round Table* (4.5 meters in diameter). The edge of the table slightly rises and falls, causing a round head to roll around on the tabletop. Looking closer, you can see that the movement seems to be caused by eighteen headless figures standing underneath the table, all of whom are made from straw. The straw figures struggle to raise the table with their backs, each trying to claim and inhabit the head, but their efforts only cause the head to roll further away. The strange scene initially seems to depict an endless competition for the head, but there is a hidden side to this fierce battle. In fact, the tilting of the tabletop is driven by a motor in the center, which means that the straw figures around the edge are forced to arduously move regardless of their will. Having no way of knowing whether they are moving the head closer or further away, we cannot say for certain that they are competing to acquire the head. Nevertheless, we can recognize that this bizarre struggle for a single head is being forced on them regardless of their individual desires. The fact that the figures are made from artificial straw reminds us of the “strawman” fallacy, wherein the real subject of an argument is distorted or replaced by an extreme example. Here, we see only the movement of the straw figures, while the true engine of this competitive system remains concealed. The scene also recalls Albert Camus’s assertion that the myth of Sisyphus, who is condemned to repeatedly push a rock up a hill before it rolls back down, represents the inherent absurdity of existence. But look up again, returning your gaze to the *Black Birds* that detachedly watch the people who are bound in punishment. Depending on your own point of view, these birds might represent scavengers outside the food chain awaiting a victim who lags behind the competition, or other beings and classes that occupy a world beyond this senseless competition, or the tight tension and precarious balance of yet another system.

<하나> *One*, 2020
금속 재료, 타이벡에 아크릴릭, 모터, 전자 장치 (커스텀 CPU 보드, LED)
metallic material, acrylic on soft Tyvek, motor, electronic device (custom CPU board, LED)
250 × 250 × 180 cm

하나 (2020), **빨강** (2021)

바스락거리는 소리를 내며 천천히 피고 지기를 반복하는 이 커다란 흰 꽃은 2020년 팬데믹의 혼란과 두려운 상황에서 제작되었다. 꽃잎 부분의 소재가 흰색의 한지 같은 타이벡Tyvek 섬유인데, 코로나 검사와 진료 현장에서 의료진들이 착용한 방호복의 재질과 같다. 작가는 손수 검은색 물감으로 꽃잎의 결을 정성스럽게 그었다. 속씨 식물의 생명작용 과정에서 가장 화려한 모습을 갖춘 꽃은 곧 시들게 되는 운명으로 인해 생명의 덧없음, 생과 사의 경계라는 상징성을 지니는 모티프이다. <하나>는 거대한 한 송이의 흰 국화꽃을 연상시킨다. 갑작스러운 전염병의 유행으로 일시 정지된 상황에서 많은 사람들은 기존의 생활 방식을 돌아보았고, 수많은 죽음과 의료진의 노고를 지켜보며 걱정 속에서 위로의 마음을 보탰다. 작가 또한 이 위기 속에서 미술가로서 무엇을 할 수 있을지 고민이 깊었기에 바이러스로 야기된 세계적 혼란 한 가운데서 제작된 <하나>는 치열한 생과 사의 현장의 모든 관계자들에게 존경, 감사, 위로와 애도의 마음을 담아 작가가 이 시대에 바치는 헌화이다.

한편 5전시실 뒤쪽에 사면이 붉은 방에는 흰 꽃과 같은 시리즈의 신작 <빨강>이 있다. 강렬한 붉은 색의 방에 들어서면 한쪽 벽에서 빛을 발하며 피고 지는 순환운동을 하는 붉은 꽃 한송이다. 고대 신화에서부터 붉은 꽃은 땅에 흘린 신의 피에서 자라는 새로운 생명을 의미했다고 한다. 꽃잎의 종이 같은 재질이 서로 스치며 내는 소리를 따라 <빨강>에 집중하는 동안 우리는 이 모든 아픔과 힘겨움도 생명 순환의 일부이며, 언젠가는 저물어야만 하는 운명을 알고도 뜨겁고 강렬한 힘을 발산하는 자연의 성실함을, 그 모든 상황에도 불구하고 오늘을 충실하게 살아내는 생명의 본질, 생과 사의 운명이 중첩된 역사의 시간을 마주한다.

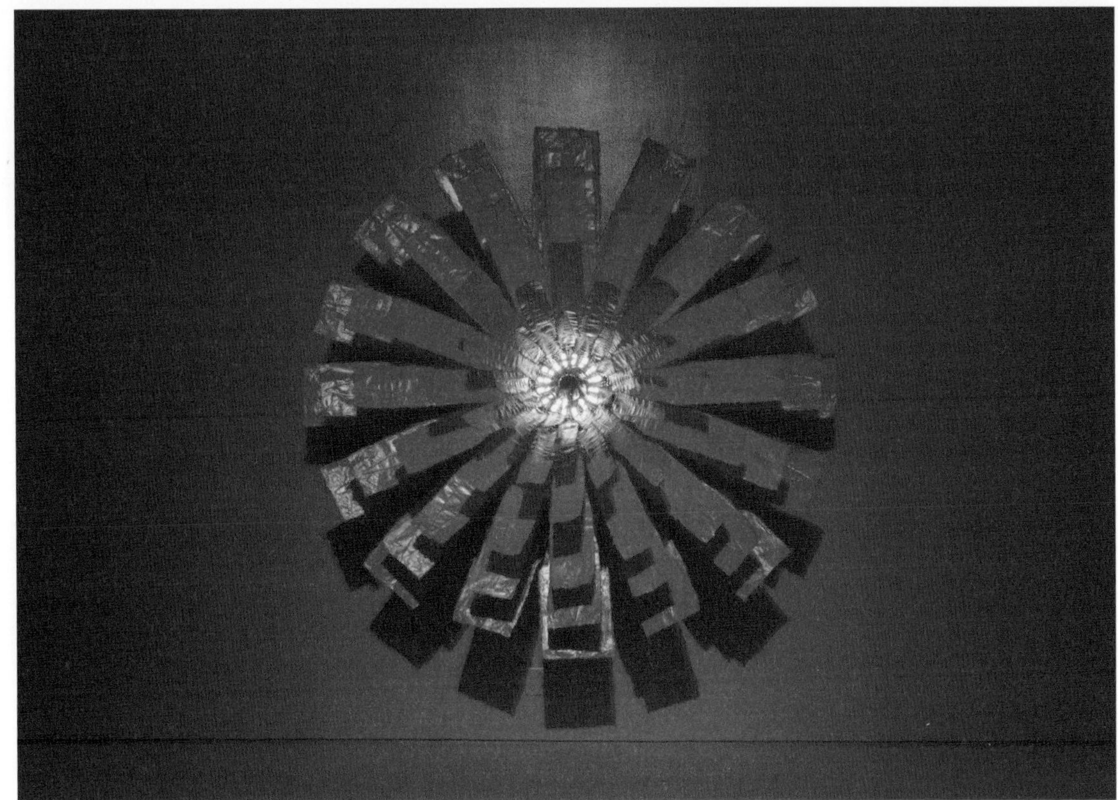

<빨강> *Red*, 2021
금속 재료, 타이벡에 아크릴릭, 모터, 전자 장치 (커스텀 CPU 보드, LED)
metallic material, acrylic on soft Tyvek, motor, electronic device (custom CPU board, LED)
223 x 220 x 110 cm

One (2020) and ***Red*** (2021)

The sculpture *One* was created amidst the fear and panic of the pandemic in 2020. It resembles a large white chrysanthemum that slowly blooms and withers with a rustling sound. The petals are made from Tyvek fiber, which resembles *hanji* (Korean traditional paper) and is the same material used to make the protective suits worn by medical professionals at Covid testing and treatment sites. The artist added texture by delicately painting the petals by hand with black paint. Taking the form of a flower—the most beautiful stage in the life cycle of angiosperms, which blossoms momentarily before fading away forever—the work symbolizes the transience of life and the thin boundary between life and death. With their lives put on pause by the pandemic, many people began to reconsider their current lifestyle while helplessly offering their condolences for the rising death toll and the grueling work forced upon medical personnel. Contemplating how he might contribute to the cause as an artist, Choe U-Ram conceived of *One* as a commemorative wreath that he herein dedicates with the utmost respect, gratitude, and consolation to all those who took part in the harrowing scenes of life and death.

In the red room at the back of Gallery 5, visitors will find *Red*, another new work from the same series as *One*. Growing on the wall of the room is a single red flower that repeatedly blooms and withers, emitting an intense red light. In ancient mythology, red flowers were thought to represent new life sprouting from the spilled blood of the gods. Staring intently at the strange flower, hypnotized by the sound of the paper-like petals rubbing together, we are reminded that the essence of life is to live faithfully in each present moment, knowing that the pain and hardship that surrounds us is an inevitable part of the cycle of life. This is the fundamental beauty and sincerity of nature, which continuously exudes its profound power and passion in full awareness of its inevitable demise.

<작은 방주> *Little Ark*, 2022
폐 종이 박스, 금속 재료, 기계 장치, 전자 장치 (CPU 보드, 모터)
recycled cardboard boxes, metallic material, machinery, electronic device (CPU board, motor)
210 x 230 x 1272 cm

작은 방주 (2022)

5전시실 가운데는 검은색과 흰색으로 구성된 거대한 배의 프레임이 자리잡고 있다. <작은 방주> 라는 제목의 이 작품은 세로축 12미터, 닫힌 상태에서의 높이가 2.1미터에 달하는 커다란 궤櫃 혹은 직사각형을 유지하다가 흰 벽처럼 접어 둔 노/팔을 높이 들어올리면서 다양한 움직임을 시작하는데 최대 폭이 7.2미터에 달하는 결코 작지 않은 규모이다. '방주'로 비유된 배의 몸체는 복잡한 기계장치를 드러내며 많은 것을 담아낼 수 있는 잠재력을 자랑한다. 노/팔의 장대한 군무를 통해 항해의 추진력과 웅장한 위엄을 드러내는 <작은 방주>는 선체 위와 주변에 위치한 다양한 조각설치물과 어우러져 5전시실을 하나의 퍼포먼스로 채운다.

우선 선체 중앙에는 바닥에서부터 5.5미터에 달하는 <등대>가 솟아 있다. 원형의 철제 프레임 상부에 두 개의 조명장치(등명기)가 서로 등을 맞댄 채 회전하며 전시장을 비춘다. 언뜻 보기에 배의 구성요소 같지만 등대는 야간에 불을 밝혀 선박들에게 항로나 위험 위치를 표시하는 역할을 수행하며 배와 떨어진 지점에 존재하기 때문에 이 <등대>의 현재 위치는 의아함을 자아낸다. 게다가 어느 시점에서 이 두 개의 조명이 나란히 붙어 전시장 곳곳을 탐색하거나 관람객을 감시하는 눈처럼 움직일 때, 판옵티콘 혹은 빅브라더의 이미지와 중첩되면서 사회적 규칙 혹은 지침이란 명목으로 감시와 통제가 일어나는 현실을 일깨워준다.

이 <등대>를 기준으로 선장과 제임스 웹 우주망원경 한 쌍이 정반대 방향을 향하고 있다. <두 선장>은 폐 종이 박스로 만들어져 배의 항해를 통솔하는 최고 책임자의 모습치곤 다소 초라한 행색이다. 선장의 뒤에는 원형 안테나 모양의 '제임스 웹 우주 망원경JWST'이 있다. '제임스 웹'은 나사NASA의 최신 우주 망원경의 이름이다. 엄청난 기술연구와 투자를 기반으로 개발되어 기존 우주 망원경이 관측할 수 없었던 아주 먼 거리의 심우주 천체를 관측하고 빅뱅에 의한 것으로 추정되는 우주의 탄생과 기원을 이해할 수 있도록 과학적 관측 자료를 수집하는 것이 그 목적이다. 지구보다 먼저 탄생한 최초의 별에 대한 연구부터 우주에 대한 인류의 이해를 한단계 끌어 올려줄 것으로 기대를 모으는 '제임스 웹'은 인간이 알지 못하는 저 멀리 떨어진 우주로 선장의 시선을 이끈다. 배의 성공적 항해를 책임지는 선장이 두 명이라는 점, 이 두 선장이 서로 정반대의 방향을 향한다는 점, 그리고 선장이 <제임스 웹>을 이용해

Little Ark (2022)

In the center of Gallery 5 is *Little Ark*, which looks like the black and white frame of a huge ship. In its enclosed form, the work resembles a large rectangular chest, with a length of 12 meters and a height of 2.1 meters. But then, the oars (or arms) that form the body of the ship slowly fold down, extending out to a maximum width of 7.2 meters. Thus, by some complex mechanism, this seemingly ordinary "ark" has the potential to hold countless items in its cargo. The grand dance of the oars evokes the power and propulsion of sailing on the open sea, summoning all of the myriad sculptures in and around the hull to unite as a single performance.

In the center of the hull is the towering *Lighthouse*, which is 5.5 meters tall. In a steel frame at the top, two light fixtures (installed back-to-back) continuously rotate, illuminating the entire exhibition space. At first glance, this structure resembles part of the ship, but once we realize its true nature, countless questions arise. Why is there a lighthouse in the middle of the ship, rather than on the land, warning passing ships of danger? Also, as they navigate the exhibition space, the two lights are periodically aligned side by side, like a pair of eyes watching the audience, reminding us of the constant surveillance and control that we have submitted to in the name of social rules or guidelines.

Flanking the *Lighthouse* on either side are the sculptures, titled *Two Captains* and *James Webb*, consisting of two human figures and telescopes. Despite being the leaders who are guiding the ship on its journey, these captains are made from a relatively shabby material of scrap paper and cardboard. Each captain sits in front of a circular antenna, which is actually a replica of the James Webb Space Telescope (JWST), the powerful new telescope that was recently launched into orbit by NASA. Developed through years of intense research and significant investment, this telescope has the capacity to peer deeper into space than ever before, allowing astronomers to observe objects and phenomenon that could not be seen by previous telescopes and to collect scientific data that might help us understand how the universe originated through the Big Bang. Equipped with the James Webb Space Telescope, perhaps the captains can study the first star that ever came into being, long before the formation of

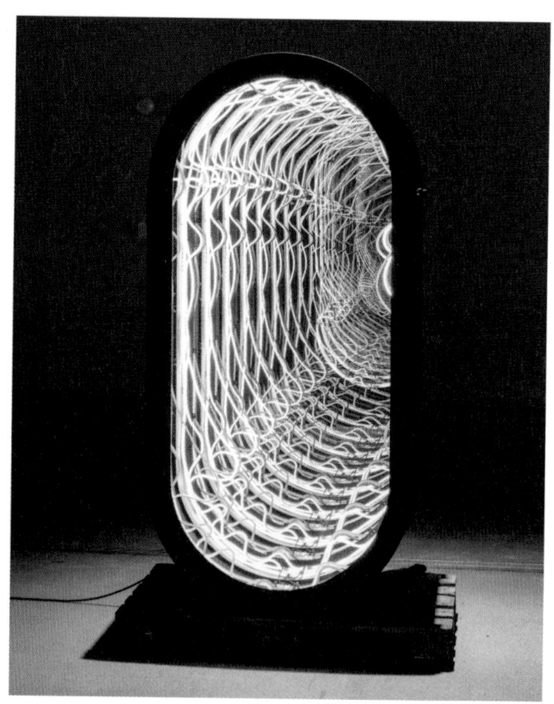

<무한 공간> *Infinite Space*, 2022
거울, 유리, 금속 재료, 기계 장치, 전자 장치 (CPU 보드, 모터, LED)
mirror, glass, metallic material, machinery, electronic device (CPU board, motor, LED)
196 x 96 x 66 cm

오늘의 목적지가 아니라 저 멀리 심우주의 시간을 탐색한다는 점은 제 기능을 하지 않는 <등대>와 더불어 이 <작은 방주>의 항해에 대한 의혹을 가중시킨다.
원래 배의 몸체와 결부되어 있어야할 항해 관련 장치들이 분리된 채 전시장 여기저기에 놓여 있다. 닻은 배가 멈추어 있도록 줄에 매달아 물 아래로 가라앉히는 무거운 쇠로 된 갈고리 형태의 도구이다. 고대로부터 안정, 무사함, 생존의 상징으로 사용되었고 이후 흔들리지 않는 믿음과 희망, 구원의 상징 모티프가 되었다. 하지만 <작은 방주>의 <닻>은 전시실 내에서, 정박된 상태도 항해 중인 상태도 아닌 모호한 상황에서 이 항해의 목적과 의미를 되묻는 역할을 한다. 마찬가지로 뱃머리 장식인 <천사>는 제 위치에서 떨어져 나와 지친 날개를 축 늘어뜨린 채 전시장 천장에 매달려 있다. 아름다운 황금으로 치장되어 있지만, 통상 항해의 안전한 성공을 기원하는 기운찬 조형물이 뱃머리 장식으로 사용된 전통과 달리, 이 <천사>는 하늘의 권세를 부여받은 위풍당당한 모습도 인류를 구원할 희망에 가득찬 모습도 아닌 작고 지친 초라한 인간의 모습으로 우리 앞에 존재한다. 마치 신과 같은 절대자가 우리를 구원해줄 수 없음을 암시하고, 우리가 스스로를 구원해야 함을 역설하는 듯하다. 배의 뒤쪽에 위치한 두 점의 <무한 공간>은 이중 거울 구조 안에서 증폭하는 또다른 차원의 세계를 보여준다. 비록 방주의 규모는 전시장에 놓은 물리적 규격에 갇혀 있지만, 생존위기를 목전에 앞둔 재난의 시대에도 방주에 투영하는 우리의 욕망은 끝이 없음을 상징적으로 제시하는 장치이다.
벽면에는 <출구>라는 제목의 영상이 있다. 하나의 문이 열리면 그 속에서 또 다른 형태의 문이 나타난다. 갖가지 문이 수도 없이 열리지만 끝도 없는 닫힌 문들 너머로 우리가 찾는 출구는 결코 그 모습을 드러내지 않는다. 열면서 닫히고, 닫혀 있기에 열 수 있는 것이 문의 속성이지만 열림과 닫힘의 끝없는 순환 사이에서 우리는 출구를 기대할 수 있을까?
5전시실에 펼쳐진 <작은 방주>, <등대>, <두 선장>, <제임스 웹>, <닻>, <천사>, <무한 공간> 그리고 <출구>는 특별히 제작된 앰비언트 사운드와 어우러져 하나의 퍼포먼스를 구성한다. 우리는 현실과 욕망의 구조를 상징적으로 비유하고, 모순과 역설의 현실을 다양한 시청각적 장치로 중첩시키는 공간으로 초대되었다. 여기서 우리는 스스로에게 질문을 던져볼 수 있다. 우리는 우리의 방주에 무엇을 실어야 하는가? 어디로 향할 것인가? 이 항해의 목적은 무엇인가?

<천사> *Angel*, 2022
레진, 24K 금박, 스테인리스 스틸
resin, 24K gold leaf, stainless steel
162 x 133 x 56 cm

<닻> *Anchor*, 2022
레진, 아크릴릭, 스테인리스 스틸
resin, acrylic, stainless steel
73 x 60 x 54 cm

the Earth, or gaze into a distant universe as yet unknown to humans. Thus, along with its impractical lighthouse, *Little Ark* has two captains who are steering the ship in opposite directions, using a navigational tool that can see objects in deep space, but not today's destination.

Other nautical features and devices, which are usually attached to the ship, are scattered around the exhibition space. Anchors are heavy iron hooks attached to a chain, which are lowered into the water to keep a boat stationary. Since ancient times, anchors have represented stability, safety, and survival, and have thus become popular symbols for abiding faith, hope, and salvation. But the *Anchor* of this ark is ambiguously placed, making it impossible to tell if the ship is anchored or sailing in the exhibition space. Similarly, *Angel* seems to be the ship's figurehead, but it has been detached from its expected position on the bow and hung from the ceiling, with its wings and body sagging with exhaustion. Traditionally, most bow decorations are strong, majestic figures that are believed to be endowed with divine powers to protect the ship on its journey. But even with its splendid gold decor, this feeble angel seems ill-suited to serve as a symbol of hope and safety for humanity. Finally, placed at the rear of the ship are two mirror structures entitled *Infinite Space*. By opening up new dimensions of reflection and amplification, the mirrors suggest that the physical body of the ship can be endlessly loaded with whatever we desire when facing a crisis of survival.

Projected on the wall is a video entitled *Exit*. When one door opens, a new type of door appears within it. Although the different doors keep opening, the exit that we are searching for never reveals itself. A door can only be closed if it is open, and can only be opened if it is closed. But how can we hope to find an exit through an endless cycle of opening and closing?

Accompanied by a specially produced ambient sound, the collection of new works—*Little Ark*, *Lighthouse*, *Two Captains*, *James Webb*, *Anchor*, *Angel*, *Infinite Space*, and *Exit*—exhibited in Gallery 5 comprise a single harmonious performance. Visitors are invited to a unique theatrical show, in which an array of diverse audiovisual devices are used to reveal the hidden contradiction and paradox of contemporary life, while symbolically comparing the structure of reality and desire. In this space, we cannot help but ask ourselves some fundamental questions: What should we bring on our ark? Where should we be going? What is the purpose of this voyage?

<작은 방주>, <빨강> 설계 드로잉
Drawing for the Design of *Little Ark*, *Red*, 2021-2022
장판지에 아크릴릭
acrylic on Korean traditional paper
64 x 88 cm

<등대>, <작은 방주> 설계 드로잉
Drawing for the Design of *Lighthouse*, *Little Ark*, 2021-2022
장판지에 아크릴릭
acrylic on Korean traditional paper
30 x 42 cm

<하나> 설계 드로잉 Drawing for the Design of *One*, 2022
장판지에 아크릴릭
acrylic on Korean traditional paper
30 x 42 cm

설계 드로잉 (2021-2022)

생명과 흡사한 정교한 움직임, 장인의 경지에 비유되는 디테일과 세련되고 유기적인 형태는 최우람의 키네틱 작업을 설명할 때 수반되는 표현이다. 자신의 주변 세상을 관찰하고 영감 받아 특정 작업을 구상하면 작가는 상상 속 움직임을 완벽에 가깝게 구현하는 재료의 형태와 무게, 결합과 구동 방식이 표기된 설계도면을 직접 작성한다. 이 기술도면을 바탕으로 작은 나사에서부터 방주에 도열한 노의 군무에 이르기까지 수많은 작품이 실현되었다. 하나의 움직임이 완성되기까지 거쳐야하는 여러 과정을 담은 이 도면은 이제까지 전시장에서 관객을 만난 적이 없다. 시각 정보가 넘쳐나는 오늘날 우리는 그만큼 많아진 허상과 표면만을 스칠 뿐 본질에 닿기는 더 어려워졌다. 수치, 통계, 가격, 언어로 표현할 수 없는 의미와 가치, 혼란스러운 세상의 외피 안에 숨어있는 구조가 이 설계 드로잉과 같은 맥락에 위치한다. 작품을 작동시키는 원리를 담고있어 그 무엇보다 중요하지만 드러나지 않기 때문이다. <작은 방주>, <빨강>, <하나>, <등대>를 위한 설계 드로잉의 일부를 캔버스 위에 전사한 후 작가가 아크릴 물감으로 선 하나하나를 그린 이 드로잉 액자는 그 자체로 기계미학을 단적으로 보여줄 뿐 아니라, 작가가 현대 문명 사회와 인간 욕망을 분석하고 재해석하면서 제안하고자 하는 의도와 메시지를 담고 있다.

Design Drawings (2021-2022)

Elaborate movements resembling life, craftsman-like details, and refined organic forms are all expressions conveyed when one explains Choe's kinetic works. After observing the world around him and devising a specific artwork inspired by it, the artist creates design drawings that indicate the form, weight, combination, and driving systems of the materials that closely represent the movements derived from his imagination. Based on these technical drawings, numerous works were realized, from small screws to the group dances of the oars lining up around the ark. These drawings contain the various processes necessary to achieve complete movement to the desired level, and they have never been displayed in an exhibition before. Today, where we are inundated by visual information, it has become more difficult to reach the essence of our very existence, we only scratch the surface and illusions. Both numbers, statistics, prices, meanings, and values that cannot be expressed in words, and structures hidden within the envelope of a chaotic world, are represented in the same style in these design drawings. This is because it clearly exists and, above all, is invisible, and contains the principles that operate the work, but is not revealed. Part of the design drawings for *Little Ark*, *Red*, *One,* and *Lighthouse* were transcribed onto the canvas and the artist reproduced each line with acrylic paint. It incorporates the artist's analysis and reinterpretation of modern civilized society and related human desires.

빨강
Red
2021
metallic material, acrylic on soft Tyvek, motor,
electronic device (custom CPU board, LED)
220 x 220 x 110 cm

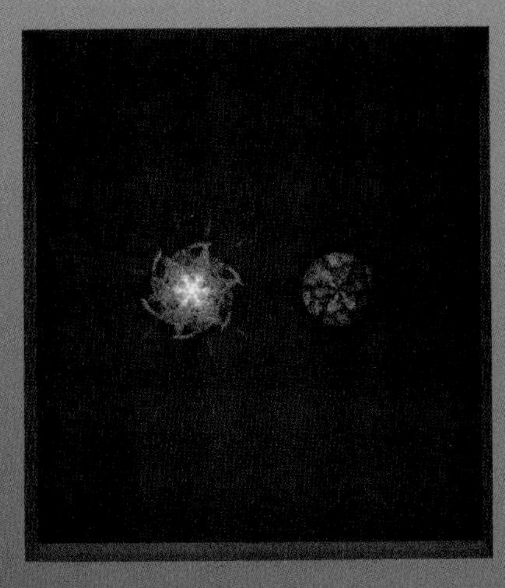

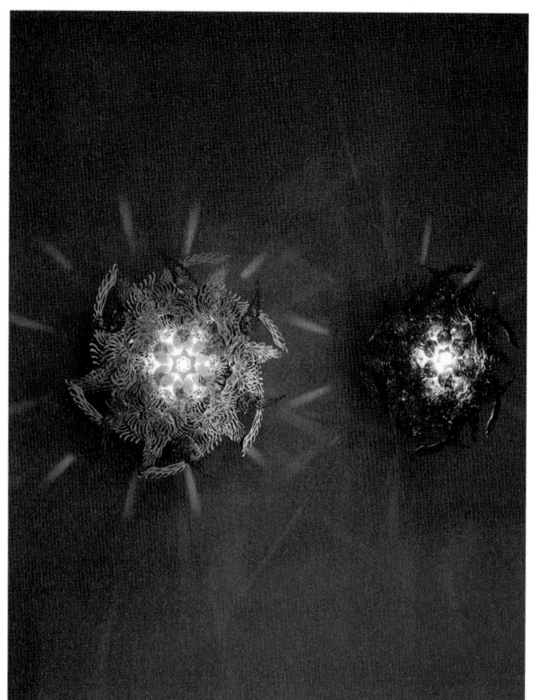

<샤크라 램프> *Cakra Lamp*, 2013
금속 재료, 기계 장치, 전자 장치 (CPU 보드, 모터, LED)
metallic material, machinery, electronic device (CPU board, motor, LED)
57 x 57 x 21 cm

<알라 아우레우스 나티비타스> *Ala Aureus Nativitas*, 2022
금속 재료, 기계 장치, 전자 장치 (CPU 보드, 모터, LED)
metallic material, machinery, electronic device (CPU board, motor, LED)
가변설치
dimensions variable

샤크라 램프 *Cakra Lamp* (2013)
알라 아우레우스 나티비타스 *Ala Aureus Nativitas* (2022)

요가나 신체 생리학 등에서 정신과 마음의 중심점을 가리키는 샤크라 혹은 챠크라는 산스크리트어로 '바퀴'라는 뜻으로 연꽃과 수레바퀴 형태로 상징된다. 한 쌍의 <샤크라 램프>는 한 가운데서 맑은 빛으로 깨어나 연꽃과 같은 꽃을 피운 다음 그 주변으로 에너지를 발산시키는 것처럼 보인다. 정교하게 세공된 개별체의 유려한 움직임을 자세히 살펴보면 수많은 구심점들이 층을 이루며 각자의 원운동을 지속하면서 서로 겹치고 부딪힐 것 같은 아슬아슬하고 복잡한 관계역학 속에서 결코 충돌하지 않고 자신들의 움직임을 이어가며 에너지의 균형과 조화를 세상으로 퍼뜨린다. <샤크라 램프>가 설치된 벽감 안쪽 오른쪽 구석에는 빛을 품고 있는 꽃봉오리 모양의 기계생명체가 움트고 있다. <알라 아우레우스 나티비타스>는 꽃잎 같은 황금 날개들을 펼치면 한 마리 곤충이나 작은 동물과 같아 보이는데, 작가에 따르면 이 '황금빛 날개'들은 달이 지고 별빛이 밤하늘을 밝히는 맑은 새벽녘에 잠든 인간들 곁으로 날아가 그들의 꿈을 엿듣는 존재라고 한다.

Cakra, which refers to the central point of the mind and spirit in yoga and body physiology, means 'wheel' in Sanskrit, and is symbolized in the form of a lotus flower and a wheel. A pair of works entitled *Cakra Lamp* seem to wake up with a clear light from the center, bloom like a lotus flower, and radiate energy to its surroundings. Looking closely at the exquisitely crafted individual movement units, many centripetal points form layers and follow their respective circular motion never colliding, although they seem to overlap and bump against each other in a perilous and complex relationship. In this way they radiate harmony and a balance of energy into the world. In the right corner inside the niche where *Cakra Lamp* is installed, creatures in the shape of a flower bud that contains light are sprouting. *Ala Aureus Nativitas* spreads its golden wings like petals and seems to transform into an insect or a small animal. According to the artist, these 'golden wings' fly to the side of sleeping humans at dusk when the moon sets and the stars light up the night sky to eavesdrop on people's dreams.

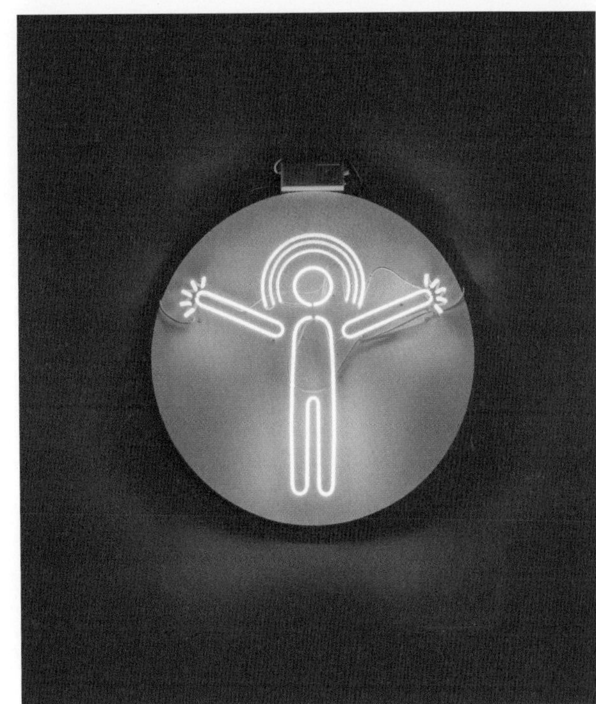

<사인> *Sign*, 2022
네온사인
neon sign
90 × 90 × 8 cm

사인 ***Sign*** **(2022)**

5전시실 출구 쪽 벽면 위쪽에 두 팔을 활짝 벌리고 우리를 맞이하는 픽토그램 네온사인이 있다. 반갑게 인사를 하는 사람의 모습일 수도, 신성한 광배를 두르고 저 위에서 우리를 지키는 신의 모습일 수도, 헬멧을 쓰고 저 높고 먼 우주를 탐험하는 우주인일 수도 있다. 제목 <사인>의 뜻 그대로 출구 지점의 오른쪽과 왼쪽으로 작품들이 있음을 알려주는 기호일 수도 있다. 단순화되었지만 두 팔을 벌리고 발을 뻗은 도상에서 사람의 인체, 비트루비우스, 성당의 지붕이나 산 정상에 있는 거대한 예수상 등 익숙한 이미지를 떠올릴 수 있다. 십자 형태는 하늘과 땅이 통하는 지점, 즉 우주축이라는 오래되고 보편적인 상징성을 지닌다. 수직과 수평의 조화로움뿐 아니라 네 방위 어느 방향으로도 무한히 뻗어 나갈 수 있다는 점에서 열린 방향성을 내포하고 있다. 혼잡한 세상에서 본질을 이해하는 일은, 수시로 바뀌는 상황이 아니라 나라는 존재에서 시작되어야 한다. 사소한 바람부터 간절한 기도에 이르기까지 절대자나 영향력 있는 타인의 말을 좇는 우리에게 <사인>은 주입된 욕망이 아니라 나라는 존재에서 비롯되는 욕망을 바라보고 거기서부터 자신의 방향을 찾아볼 때임을 알려주는 징표일지도 모른다.

The pictograph neon work *Sign* greets us with open arms on the upper side of the wall near the exit of Gallery 5. It could be a person greeting us warmly, a god protecting us from above with a divine halo, or an astronaut wearing a space helmet and exploring outer space. As the title *Sign* indicates, it may be a mark indicating that there are works to the right and left of the exit. Although it is simplified, various images such as a human body, Vitruvius, and a giant Jesus statue on the roof of a church or on a mountain top are suggested by the icon with outstretched arms and feet. The cross shape is an old and universal symbol of the cosmic axis, the point where heaven and earth connect. In addition to the harmony between the vertical and horizontal, it implies a vastness that can extend infinitely in any of the four directions. To understand the essence of nature in a crowded world we should start with our very existence, not with a constantly changing situation. From trivial wishes to earnest prayers, for those of us who follow the words of absolutes or influential people, *Sign* can remind us that it is time to look at the desire originating from our existence, not our instilled desire, and to find our own direction from there.

<URC-1> *URC-1*, 2014
현대자동차 전조등, 철, COB LED, 알루미늄 레디에이터, DMX 콘트롤러, PC
Hyundai Motor headlights, steel, COB LED, aluminum radiator, DMX controller, PC
296 x 312 x 332 cm

URC-1 (2014), **URC-2** (2016)

복도에 설치된 거대한 원형 조각 두 점은 다양한 패턴의 빛을 발산한다. 폐차 직전 자동차에서 분해한 전조등과 후미등을 모아 원형의 별로 조립한 것으로, 전조등을 사용하여 흰 빛을 발하는 별은 <URC-1>, 후미등을 모아 붉은 빛을 띄는 별은 <URC-2>이다. 별의 이름은 'U-Ram Catalog'에서 약자를 따오고 제작한(발견한) 순서대로 번호를 부여하였다. 자신이 고안한 유기체와 같은 조각을 만들기위해 직접 설계를 하고 철판 등 재료를 제단하고 필요한 부품을 준비하여 작품을 완성하는 기존의 제작 방식과 달리 'URC' 연작에서 현대문명과 자본주의 상품, 속도 경쟁의 상징인 자동차의 주요 부품을 작품의 주재료로 기용한 점은 주목할 만하다. 다시 말해 작가의 관심이 기계 장치와 사회 구조 이면에 내포된 인간의 욕망에 대한 개념적 탐구에서 그런 욕망의 직접적인 산물과 폐기물로, 그 작용과 사회적 역학으로 확장되고 있음을 보여준다. <URC-1>의 발견에 앞서 2012년에 선보인 <허수아비>는 현대사회를 촘촘히 연결하는 혈관 같은 검은 전선을 사용했고, 같은 해 발표한 <파빌리온>에서 움직이는 물체는 현대인이 무의식적으로 사용하는 석유계 제품인 검은 비닐 봉지였다는 사실은 이러한 확장의 시발점이라 볼 수 있다. 신차를 개발하는 연구소에서 사용자의 안전과 기능의 효율성을 확보할 목적으로 수많은 실험을 거친 후 시장에 나올 기회도 얻지 못한 채 폐기되는 자동차를 목격한 작가는 시판될 자동차가 완성되는 과정에서 유령처럼 잠시 존재했던 시험용 자동차에서 전조등과 후미등을 수거하여 두 개의 별로 소생시켰다. 스스로 빛을 내는 항성인 별은 크기나 진화 정도, 밝기에 따라 구분되기도 하고, 표면 온도에 따라 고유의 색을 띄기도 한다. 주행하는 자동차가 어둠 속에서 길을 찾도록 도와주고 도로 위 자신의 위치를 알리고 다른 자동차를 인지하게 하는 안전 기능을 담당하는 램프를 위해 실험되다 버려졌던 부품은 이제 별빛의 다양한 움직임을 구현하며 수 광년 혹은 수천 광년 전 과거의 시간과 우리를 연결시켜준다.

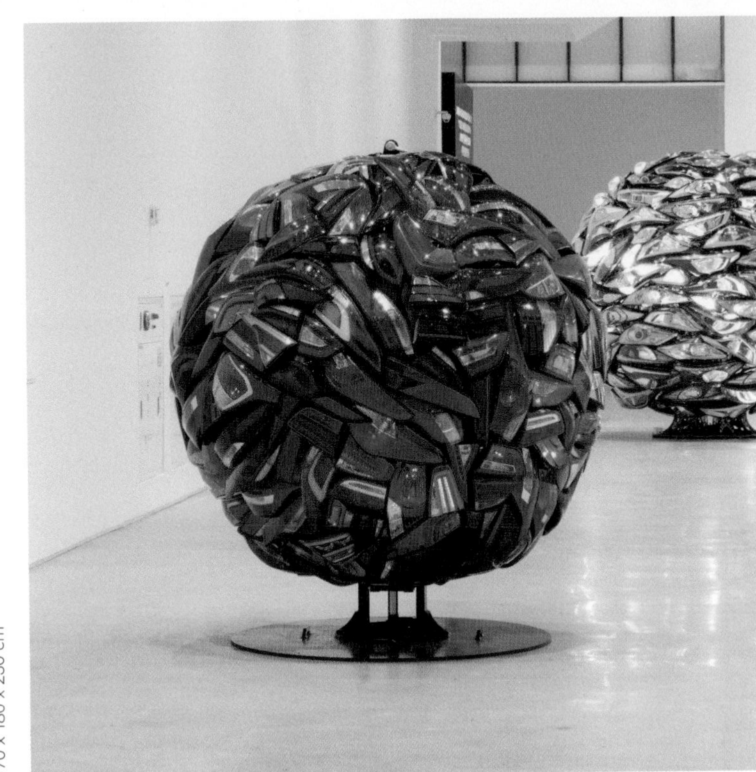

<URC-2> *URC-2*, 2016
현대자동차 후미등, 금속 재료, LED, 커스텀 CPU 보드, PC
Hyundai Motor taillights, metallic material, LED, custom CPU board, PC
170 x 180 x 230 cm

URC-1 (2014) and *URC-2* (2016)

Installed in the hallway are two huge circular sculptures resembling stars that emit light in various patterns. Notably, the lights in both sculptures were taken from cars that were scheduled to be scrapped: *URC-1*, the white star, is made from headlights, while *URC-2*, the red star, is made from taillights. In the work titles, "URC" is an abbreviation of "U-Ram Catalog," while the number simply designates the order in which the respective work was produced (or discovered). Unlike most of Choe U-Ram's works, which he typically makes by designing, fabricating, and assembling industrial materials (such as steel plates) into imaginary organisms, the works of the *URC* series are primarily made from familiar parts of cars, which are common symbols of capitalist culture, technology, speed, and contemporary civilization. Expanding upon the artist's earlier conceptual explorations of human desire, these works are made from the actual products of that desire. As such, they evince the hidden side of mechanical devices and social structures that control the objects, operations, and social dynamics of our desire. The origins of this series can be traced back to a pair of works that Choe introduced in 2012: *Scarecrow*, a giant winged figure made from black wires resembling blood vessels, representing the ties that bind contemporary society, and *Pavilion*, which prominently featured a dancing black plastic bag, a petroleum product that is carelessly used and discarded by many people today. Similarly, Choe was discouraged when he visited a car research facility and saw that relatively new cars were being scrapped after undergoing a few tests for safety and performance. Thus, he rescued the headlights and taillights from these ill-fated cars, whose brief existence is like a ghost haunting the process of developing new cars, and brought them back to life in the form of two stars. Stars, which are self-luminous, are classified according to their size, evolution, brightness, and color, which depend on their surface temperature. These lights, which once could have been used for safety purposes, to help a car move through the darkness by illuminating the road and signaling its presence to other cars, were instead recklessly experimented on and thrown away. But thanks to the artist's intervention, they now exist as stars, twinkling with diverse rhythm and movement, and linking us to the distant past, thousands of light years ago.

에세이

Essay

최우람 - 맥락 제공자로서의 예술가

크리스티안 폴, 큐레이터, 뉴스쿨 미디어학과 교수

예술가들은 항상 맥락 제공자로 존재해왔다. 그들은 사물이나 사건, 개념의 배경을 구축하여 창조적인 표현 방식을 다르거나 새롭게 인식하고 이해할 수 있도록 한다. 최우람의 작업에서는 맥락을 전환시키는 것 자체가 작품의 본질이 되면서 새로운 맥락을 형성하는 예술적 시도는 다른 차원으로 고양된다. "맥락 제공자"라는 용어는 "콘텐츠 제공자"라는 용어와 의미를 떠오르게 할 수밖에 없다. 맥락과 내용(콘텐츠)이 대립한다고 설정하면 결국 비생산적인 결과를 초래하기 십상이다. 하지만 최우람의 작업을 이해하기 위해서는 둘의 관계를 탐구하는 것, 특히 디지털 기술이 둘의 상호작용에 초래한 의미의 변화를 살피는 것이 유용하고 필수적이다.

"콘텐츠 제공자"는 애초에 닷컴 산업이 호황을 누리던 1990년대에 유행하기 시작한 표현이다. 이 표현은 문화 생산자 전반, 특히 예술가의 과업이 기술을 개념, 주제, 의미로 '채워주는' 것이라고 암시했다. 이와 같은 용어와 개념은 마셜 매클루언 이전 시대로의 회귀를 의미하는 듯 보였다. 메시지로서의 미디어, 형식과 내용의 상호연결성에 대한 이전의 모든 논의를 등한시했기 때문이다. 새로운 기술 그 자체가 앞서 이뤄진 비판적 담론을 의도적으로 무시하는 듯한 결과를 야기했을지도 모른다. 그리고 이러한 새로운 기술이 초기 단계였기 때문에 고유한 미적 특성 없이 상업적인 도구로만 비쳤을 수도 있다.

다층적인 정보를 담고 프로그램화된 시스템으로서의 디지털 세계는 끊임없이 변화하고 재구성된다. 그리고 불안정한 맥락이라는 개념을 완벽하게 구현하는 듯하다. 통상적으로 맥락이란 종속적이고 보완적인 것으로 여겨진다. 하지만 디지털 기술이 가진 연결성은 핵심적 '텍스트'와 보조적인 맥락의 구분을 허문다. 즉 이러한 위계구조가 없다면

Choe U-Ram — The Artist as Context Provider

Christiane Paul, Curator, Professor of Media Studies at New School

Artists have always been context providers, forming settings for objects, events, or ideas that allow us to perceive and understand these creative expressions in different or new ways. In Choe U-Ram's body of work, this artistic practice of establishing new contexts is taken to a different level by making shifts in context the essence of the work itself. The term "context provider" unavoidably invokes the term "content provider" and its connotations. Setting up an opposition between context and content easily ends up being unproductive, but examining the relationship between the two and the shifts in meaning that digital technologies, in particular, have brought about for their interplay is both valuable and essential to understanding Choe's practice.

The term "content provider" had originally become a catchword in the times of the booming dot com industry of the 1990s, suggesting that the task of cultural producers in general and artists, in particular, would be to 'fill' technologies with ideas, themes, and meaning. The terminology and concept seemed to suggest a return to a pre-McLuhanite age, ignoring all previous discussions about medium as message and the interconnectedness of form and content. This seemingly deliberate neglect of previous critical discourse might have been brought about by the new technologies themselves, which, in their infancy, may have appeared as a mere commercial tool without inherent aesthetic qualities.

As a multilayered informational and programmed system that is in constant flux and reorganization, the digital world seems to perfectly embody the notion of unstable contexts. Context was traditionally understood as subordinate and supplemental, but the connectivity of digital technologies undermines the distinction between a central 'text' and its

모든 맥락은 핵심 텍스트이기도 하며, 모든 핵심 텍스트는 맥락이 된다. 디지털 미디어는 관계와 연결을 접근하기 쉽도록 하고, 우리가 일반적으로 맥락이라고 여기는 것을 수용하게끔 한다. 디지털 미디어는 맥락의 성질을 바꾸고, 심지어 맥락이라는 개념 자체를 불필요하게 만드는 동시에 맥락을 풍요롭게 한다.

형식과 내용, 미디어와 메시지가 서로 연결되어 있는 것과 마찬가지로, 맥락과 내용의 관계 역시 단순한 이분법으로만 정립하기는 어렵다. 적어도 개념적으로 내용이란 그와 관련된 주제에 맞는 맥락을 제공하며, 모든 맥락은 그것을 들여다보는 주제적 관점이 무엇인지에 따라 내용이 될 수 있다. 디지털 기술로 작업하는 예술가들은 맥락의 상호작용을 위해 매개변수를 생성하곤 하는데, 최우람의 작품들이야말로 이러한 맥락 활용을 보여주는 완벽한 사례다. 그의 특징으로 자리잡은 복잡한 조각 작품들은 키네틱 아트kinetic art를 바탕으로 제작되며, 생물학적 과정들을 연상케 하는 시스템 아트system art와 결부된다. 운동 에너지kinetic energy는 움직임에 의해 신체가 갖게 되는 에너지를 뜻하는 과학 용어인데, 1960년대 중반부터 70년대 중반까지 정점을 이뤘던 키네틱 아트는 관람자에 의해 가동되는 기계를 통해 움직임을 만들어내곤 했다. 최우람은 로봇공학 및 전산화된 기계 시스템과 생체의 형상을 결합한 복잡미묘한 기계생명체 작업으로 국제적 명성을 쌓았다. 그의 작업은 둘 사이의 경계를 흐려 유사성과 차이, 잠재적 융합에 대해 숙고할 수 있는 맥락을 형성한다.

보다 넓은 미술사적 맥락에서 볼 때, 스테인리스 스틸, 모터, 회로, 맞춤형 소프트웨어를 조합한 최우람의 조각은 지시를 바탕으로 하는 개념미술뿐 아니라 디지털과 키네틱의 연결점 또한 시사한다. 전산화된 시스템은 자연계와 마찬가지로 코딩된 지시를 통해 생성적인 진화를

supplemental context: without any hierarchical structure, every context is yet another central text or vice versa. Digital media make relations and connections accessible and incorporate what we usually understand as context; they constitute a denatured context, enriching the context even as they contribute to making the very notion of context redundant.

Similar to the interconnectedness of form and content, medium, and message, the relationship between context and content can hardly be set up as a simple dichotomy. At least conceptually, content provides context for a related thematic area, and every context can become content, depending on the thematic lens under which it is examined. Artists working with digital technologies are often creating parameters for an interplay of contexts and Choe U-Ram's artworks are a perfect example of this contextual play. The complex sculptures that have become his artistic signature build on kinetic art and combine it with systems art evoking biological processes. In scientific terms, kinetic energy is the energy possessed by a body by virtue of its motion, and Kinetic Art, which peaked from the middle 1960s to the middle 1970s, often produced its movement through machines activated by the viewer. Choe became internationally known for his intricate mechanical creatures that merge the biomorphic with robotics and computerized machine systems, and, by blurring the boundaries between the two, establish context for pondering their similarities, differences, and possible fusion.

In a larger art-historical context, Choe's sculptures — in their combination of stainless steel, motors, circuits, and custom software — point to the connections between digital and kinetic as well as instruction-based conceptual art. Like natural systems, computerized ones

가능하게 한다. 이는 형태와 모양의 “재생산”을 위해 자율적으로 이뤄지는 듯 보이는 행동과 가능성을 포함한다. 이러한 시스템들이 연결되어 있는 건 우연이 아니다. 프로그래밍의 생성 원리 중 다수는 수학자와 컴퓨터 과학자들이 자연 현상을 모델로 삼은 것이며, 이는 디지털 프로그램화된 예술과 과학이 맺는 고유한 관계 또한 형성한다.

기원 — 기술로서의 과학

최우람의 작업은 생물학에서 로봇공학에 이르는 다양한 학문에 대한 깊은 관심을 바탕으로 한다. 그의 복잡한 기계생명체들은 아름다우면서 기괴하고, 때로는 엉망이 된 과학 실험을 암시한다. 예술, 과학, 기술 간의 교차에는 오랜 역사가 있으며, 각 분야의 상호 연결성이 개별 분야에 중요한 영향을 미치지만 수세기에 걸쳐 다양한 지점에서 이들은 더 가까워지거나 멀어지고 말았다. 레오나르도 다 빈치의 작업은 이러한 분야들이 긴밀하게 연결된 대표적 사례다. 20세기 중반 이래 디지털 기술과 정보 접근성 향상이 과학과 교육에 점차 더 큰 영향을 미침에 따라 이러한 연결성은 새로운 르네상스를 맞이하게 되었다. IBM, 벨 연구소, 제록스 파크는 예술과 기술에 대한 기업 후원과 관여를 보여주는 초기 사례다. 1967년 엔지니어 빌리 클뤼버, 프레드 발트하우어, 예술가 로버트 라우센버그, 로버트 휘트먼이 창립한 예술과 기술의 실험 E.A.T.은 예술가와 엔지니어의 협업을 전개하고자 했고, 1960년대에 획기적인 전시를 몇 차례 개최했다. 디지털 시대에 재현의 기술과 예술 및 과학 속 개념들은 정보와 생활, 지능 및 환경의 시뮬레이션과 관련된 주제에서 데이터셋의 매핑에 이르기까지 끊임없이 수렴되고 있다. 또한 예술과 과학은 다양한 방식으로 가설을 시험하는, 고도로 실험적이라는 점에서 불가분의 관계를 맺고 있다고 주장할 수도 있다.

allow for a generative evolution based on coded instructions, including seemingly autonomous behaviors and possibilities for “reproduction” of forms and shapes. The connection between these systems is not coincidental. Many of the generative principles of programming were originally modeled on natural phenomena by mathematicians and computer scientists, which also establishes an inherent relationship between digital programmed art and the sciences.

Origins — The Art of Science

Choe U-Ram’s works are obviously rooted in a strong underlying interest in science, drawing on disciplines from biology to robotics. His intricate mechanical creatures are both beautiful and monstrous, often suggesting a scientific experiment gone awry. The intersections between art, science, and technology have a long history and, while the disciplines’ interconnection is vital for each of them, they have grown closer or drifted apart at various points throughout the centuries. Leonardo da Vinci’s works would be prime examples of a close connection between these fields, which has undergone a new kind of Renaissance since the mid-twentieth century, as digital technologies and increased information access increasingly shaped science and education. IBM, Bell Labs, and Xerox PARC set early examples for corporate support and involvement in art and technology. *Experiments in Art and Technology* (E.A.T.), founded in 1967 by the engineers Billy Klüver and Fred Waldhauer and the artists Robert Rauschenberg and Robert Whitman to develop collaborations between artists and engineers, staged a couple of landmark exhibitions in the 1960s. In the digital age, both technologies of representation and ideas in art and science are constantly converging, from issues surrounding simulation of information, life,

최우람은 일찍이 대중문화를 통해 과학에 관심을 갖게 되었다. 1970년생인 최우람은 유년기와 청년기를 거치며 그래픽 소설과 애니메이션의 영향을 받았다. 특히 아시아에서는 많은 만화와 애니메이션 영화에서 재난으로부터 인간을 보호하기 위해 과학자들이 설계, 제작한 로봇이 영웅으로 등장했다. 남한은 북한의 침공과 핵전쟁이라는 지속적 두려움 속에 살았고, 학교에는 벙커가 있었으며, 원자폭탄 공격에 대비한 안전훈련과 비상훈련이 일상적으로 이뤄졌다. 대중문화 속 로봇 영웅들은 과학을 일종의 희망이자 대처 방법으로 삼았고, 최우람은 로봇공학자가 되겠다는 꿈을 키우게 되었다. 과학에 대한 열망에서 예술가로 진로를 바꾸게 된 계기는 고등학교 재학 중 자연스럽게 벌어진 일이다. 최우람의 부모님 모두 회화를 전공했고, 덕분에 성장기에 부모님의 예술가 친구들에게 둘러싸여 지냈다. 어린 시절에는 수천 장의 그림을 그렸는데, 그중 다수가 생명체나 로봇의 내부 작동방식을 탐구하는 내용이었다. 1977년에 그린 어린 시절의 자화상은 내부가 복잡한 기계 골격을 가진 로봇과 고래처럼 보이는 생명체를 담고 있으며, 최우람 작업의 핵심적 요소를

<자화상>, 1977, 캔버스에 목탄과 유화, 94.5 x 75.5 cm
Self-portrait (with Father), 1977, charcoal and oil on canvas, 94.5 x 75.5 cm

intelligence and environments to the mapping of data sets. One could also argue that art and science are inextricably related in being deeply experimental practices that test hypotheses in different ways.

Choe U-Ram became interested in science early on in his life through popular culture. Born in 1970, he was influenced by popular graphic novels and animations during his childhood and young adulthood. In Asia, in particular, the heroes of many of the comics and animated films were robots designed and built by scientists to take on the dangerous jobs of protecting humans from disaster. South Korea lived in constant fear of North Korean attacks and nuclear war, schools had bunkers, and safety and emergency drills in case of an atomic attack were common. The robotic heroes of pop culture depicted science as a form of hope and coping mechanism and nurtured Choe's original dream of becoming a roboticist. Choe's transition from aspirations in science to a career in art organically unfolded during his high school years. Both of his parents had studied painting and he was surrounded by their artist friends while growing up. During his childhood Choe produced thousands of drawings, many of them exploring the inner workings of beings, living or robotic. An early self-portrait from 1977 already incorporates key elements of Choe's work, depicting a robot and whale-like creature whose inner life consists of skeletons of complex machinic structures.

As there were only few schools offering a robotic science major, Choe's teachers recommended that he should go to art school and he attended a private institute where he became fascinated by the medium of clay, started making sculptures, and seemingly forgot about science.

갖추고 있다.

로봇공학을 전공할 수 있는 학교가 거의 없었던 탓에, 최우람의 선생님들은 그에게 미술대학 진학을 권했다. 미술 학원에 다니게 된 그는 점토라는 매체에 매료되어 조각 작업을 시작했고, 과학에 대해서는 잊어버린 듯 보였다.

생명체, 신화, 분류의 기술

1993년은 최우람이 움직임을 가진 조각을 만들기 시작하고 작업에 로봇공학적 요소가 재등장한 해였다. 최우람 작업의 핵심에는 다양한 층위에서 전개되는 복잡한 스토리텔링이 존재하며, 로봇공학은 여기에 퍼포먼스적 요소를 추가했다는 점에서 스토리텔링의 방법 중 하나가 되었다. 그는 살아있는 유기체를 암시하는 간단한 움직임을 통해 관객에게 이야기를 "연출"하고, 이에 따라 상상력을 자극할 수 있는 조각의 잠재력을 발견했다. 초기에는 천과 플라스틱으로 기계를 덮으며 실험을 시작했고, 다양한 재료를 통해 표현 능력을 향상시켰다. 그가 만든 피조물들은 이야기의 맥락적 틀 안에 존재하는 것만큼이나 조각 자체의 물성에 의지한다.

그의 움직이는 피조물들의 이름인 "기계생명체 anima-machine"를 보면 '아니마anima'와 기술적, 기계적인 것의 결합이다. 아니마는 "생명의 원칙 animating principle"을 뜻하는 라틴어 단어이자 아리스토텔레스의 저명한 논설 『영혼론 De Anima』에서 그리스어 단어 프시케psyche를 라틴어로 옮긴 것이다. 최우람은 19세기의 생물학적 분류법과 명명 규칙에 따라 자신이 만든 피조물에 기계생명체와 자연생명체를 동일한 순서로 분류하는 라틴어 이름을 붙인다. 그의 연구 조직 기계생명체연합연구소Unified Research of Anima-Machines-U.R.A.M.는 전세계에서 지속적으로 새로운 기계생명체를 발견하고 있으며, 각각의 기계생명체는 기원과 역사를

Life Forms, Mythologies, and the Art of Classification

The year 1993 marked a return to ideas of robotics in Choe's practice as he started creating sculptures that involved movement. At the core of Choe U-Ram's work lies the complexity of storytelling that unfolds on several levels, and robotics became a method of storytelling in that it added a performative element: Choe realized the potential of sculptures to "enact" stories for the audience through simple movements that suggested living organisms, thereby stimulating the imagination. Early on he had started experimenting with covering machines with cloth and plastic, enhancing their expressive capabilities through different materialities. His creatures reside as much in the materialities of the sculptures themselves as in the contextual framework of their stories.

The title of Choe's "anima-machine" series of kinetic creatures combines the Latin term for "animating principle" and Latin translation for the Greek psyche — used in Aristotle's famous treatise *On the Soul* (*De Anima*) — with the technological and mechanical. Following nineteenth century biological taxonomies and naming conventions, Choe gives his creatures Latin names that put machinic and natural life forms in the same order of classification. Choe's research organization—named U.R.A.M (United Research of Anima-Machines)—is engaged in a continuous process of discovering new machine animals, each with its own tale of origin and history, all over the world, thereby creating its own mythological universe. *Arbor Deus Pennatus* (2011), for example, appears to be a hybrid of a delicate skeletal bird, a majestic tree, and a mythical god, both beautiful and monstrous. *Unicus – Cavum ad Initium* (2011) seemingly connects the bodies of two birds, one flying inverted beneath the other,

가지고 있어 자체적으로 신화적인 세계를 창조한다. 예컨대 <아보르 데우스 펜나투스>(2011)는 섬세한 골격의 새와 위엄 있는 나무, 신화 속 신의 형상이 혼재된 작품으로, 아름다우면서도 기괴한 모습이다. <유니쿠스-카붐 애드 이니시움>(2011)은 얇은 철사를 통해 새 두 마리의 몸이 연결된 듯 보이며, 한 마리 아래로 다른 한 마리가 거꾸로 날고 있다. 이들을 둘러싼 신화에 따르면 두 개의 거울 세계가 작은 구멍 여러 개를 통해 연결되어 있다고 말한다. 여기에는 소통 경로에 구멍을 갉아내 열린 상태로 유지하는 ("쿠스토스 카붐"이라는 이름의) 거대한 이빨을 지닌 수호자가 필요하다.

인간과 기계, 자동 인형과 생명이 없는 물체가 지닌 자율적 지성의 구분이 모호하다는 개념은 수세기에 걸쳐 탐구되어 왔다. 최우람의 작업은 생명과 진화의 특성 가운데 일부가 디지털 기술의 고유한 특징이기도 하다는 점을 강조한다. 디지털 기술에는 "자율적인" 정보 단위나 캐릭터의 특정한 행동을 프로그래밍할 수 있는 가능성과 특정한 변수에 따라 다양한 조합으로 "재생산" 할 수 있는 방법들이 존재한다는 말이다. 따라서 최우람의 작업은 삶의 시뮬레이션에 대해 철학적 질문을 던진다. 그는 자신이 만든 조각적 피조물이 프로그래밍과 생명체 사이에 놓인 "존재"이며, 미리 주어진 좋거나 나쁜 특성은 없다고 말한다. 예를 들어 <우나 루미노 포르텐툼>(2008)은 기계적인 것과 유기적인 것이 융합되어 생명을 재정의하게 될지도 모르는 미래에 대한 예측 혹은 예언이다. 이 작품은 빛을 발하는 꽃들이 자율적으로 수축하고 개화하는 덩굴을 섬세하게 가공해 벽면에 설치한 금속 조각이다. 스테인리스 스틸, 모터, 회로, 맞춤형 소프트웨어로 이뤄진 식물형 조각이 지닌 물성은 미묘한 아름다움을 지닌 외형, 생명체를 암시하는 움직임과 극명한 대조를 이룬다. <우나 루미노 포르텐툼>은 알고리즘으로 구동되는 "생명체"이자 자동 장치로,

through strands of thin wire. The mythology surrounding the creature describes it as two mirror worlds linked, through numerous small holes, with communication channels that require large-teethed guardians (called "Custos Cavum") to gnaw at the holes and keep them open.

The idea of the blurring of human and machine, of automatons and the autonomous intelligence of inanimate matter has been explored for centuries. Choe's project highlights that certain qualities of life and evolution are also inherent characteristics of digital technologies: the feasibility of programming certain behaviors for "autonomous" information units or characters and the possibility of "reproduction" in varying combinations according to specified variables. Consequently, the work raises philosophical questions about the simulation of life. Choe considers his sculptural creatures as "beings" in the moment between programming and life, without any prescribed good or bad attributes. The sculpture *Una Lumino Portentum* (2008), for example, is an illuminating prediction or foretelling of a future in which the machinic and organic might fuse and redefine the status of life. The piece is a delicately wrought metal wall sculpture of a vine whose light-emitting blossoms contract and open with seeming autonomy. The materiality of the plant sculpture – stainless steel, motors, circuits, custom-software – stands in sharp contrast to the intricate beauty of its appearance and its behaviors that suggest a living creature. *Una Lumino Portentum* is an algorithmically driven "life form" and automaton that raises questions about the taxonomies of organic versus artificial and robotic life.

Taxonomy can be understood as the intersection of words and things, which also

<우나 루미노 포르텐툼>, 2009, 금속 재료, 모터, LED, CPU 보드, 폴리카보네이트, 180 x 360 x 48 cm
Una Lumino Portentum, 2009, metallic material, motor, LED, CPU board, polycarbonate, 180 x 360 x 48 cm

유기적인 것과 대비되는 것으로서 인공성과 로봇 생명체의 분류에 질문을 제기한다.

분류학이란 단어와 사물의 교차로 볼 수 있는데, 이것은 곧 분류학에 내재한 가능성과 문제를 분석한 푸코의 저명한 책 『말과 사물』(1966)의 제목이기도 하다.(1) 푸코는 책의 서문에서 이런 현상이 다음과 같은 사항이 붕괴되면서 나타났다고 말한다.

> 내 사유에서 친숙한 모든 주요 지점들, 즉 우리의 사유, 우리 시대와 지리가 각인되어 있는 사유에서 질서가 부여된 모든 표면을 부수고 이미 존재하는 사물의 사나운 번성을 길들이는데 익숙했던 모든 표면을 파괴하며 이후로도 계속되어 동일자와 타자에 대한 우리의 아주 오래된 구분을 교란하고 위협한다.
> (서문, 『말과 사물』, 빈티지 북스, 1994)

우리는 문화적으로 수용된 분류 체계가 객관적

(1) 『말과 사물』로 번역된 저서의 원제 『Les Mots et les Choses (The Order of Things)』를 직역하면 '사물의 질서'로 해석할 수 있다. - 옮긴이

is the title of Michel Foucault's famous book *Les Mots et les Choses* (*The Order of Things: An Archaeology of the Human Sciences*, 1966) in which he analyzes the possibilities and problems inherent in taxonomy. In the preface to the book, Foucault states that it arose out of the shattering of

> *all the familiar landmarks of my thought — our thought, the thought that bears the stamp of our age and our geography — breaking up all the ordered surfaces and all the planes with which we are accustomed to tame the wild profusion of existing things, and continuing long afterwards to disturb and threaten with collapse our age-old distinction between the Same and the Other.*
> (Preface, *The Order of Things, An Archaeology of the Human Sciences,* Vintage Books, 1994)

While we often assume that our culturally accepted classification schemes represent an objective reality, they are a set of established norms among numerous alternative taxonomies. Foucault refers to a classification scheme as a "discursive formation," a cultural

현실을 나타낸다고 여기지만, 이는 다양한 대안적 분류법 가운데서 확립된 규범의 일부일 뿐이다. 푸코는 분류 체계가 "담론의 구성", 즉 우리의 언어에서 파생된 문화적 해석의 코드나 순서의 규칙이라고 지칭한다. 푸코는 이러한 담론 구성에 대한 분석이 과거의 유산을 역사적으로 연구하여 한 문화가 어떻게 특정한 분류 체계를 발전시켰는지 살펴보는 "고고학적" 재구성이라고 여긴다.

분류법에 대한 최우람의 탐구는 조각 작업에 못지않게 언어와 스토리텔링에 뿌리를 두고 있으며, 이 또한 비슷한 맥락에서 이해할 수 있다. 그는 자신이 만들어낸 존재들에 대한 분류법을 구축하면서 대안적 생명체의 고고학적 재구성에 관여하며, 이를 통해 문화와 문명이 이룬 성취와 과잉을 새롭게 보게 한다. 최우람은 이처럼 고고학적 재맥락화 과정에서 자연과학, 사회과학, 인문과학, 역사학을 융합하여 과학의 분류 자체에 의문을 제기한다.

맥락 전환을 이용하는 최우람의 방식은 자율성과 생명의 한 형태로 인식될 수 있는 움직임의 표현적 차원에서도 전개되며, 스토리텔링의 맥락에서 의미를 구축하기 위해 복잡한 어휘를 수반한다. 최우람이 만든 피조물에 대한 느낌은 그것의 움직임에 따라 미묘하게 전환될 수 있다. 예컨대 위협적이라고 여기던 것이 우아해 보일 수도 있다는 말이다. 최우람은 자신의 피조물이 환경과 관계를 맺을 때 일어나는 변화를 노련하게 활용하여 피조물의 성격을 구축하고, 이를 통해 피조물에 움직임을 부여하는 과정에 관여한다. 그의 피조물은 종종 로봇처럼 보이기도 하고, 때로는 우아한 존재처럼 보이기도 한다. 그의 키네틱 조각이 지닌 표현 범위 또한 기술 발전과 함께 진화했다. 더욱 부드럽고 정교한 표현으로 서툴렀던 움직임을 우아하게 변화시킬 수 있었다.

code of interpretation and set of rules for ordering that emerges from our language. The analysis of this discursive formation is what Foucault sees as a an "archeological" reconstruction that historically studies the remains of the past to find out how a culture came to develop a particular system of classification.

Choe U-Ram's play with taxonomies, which is rooted as much in language and storytelling as in sculptural practice, can be understood in similar terms. Constructing taxonomies for his beings, he engages in a form of archeological reconstruction of alternative life forms that allow us to see culture and civilization with its achievements and excesses in new ways. In the process of this archeological recontextualization, Choe also questions the taxonomy of the sciences themselves, fusing natural sciences, social sciences, human sciences, and life historical sciences.

Choe's play with shifts in context also unfolds on the expressive level of movement, which can be perceived as a form of autonomy and life, and entails a complex vocabulary for constructing meaning in the context of storytelling. The perception of Choe's creatures can delicately shift on the basis of their moves, for example from potentially threatening to elegantly inviting. Choe expertly uses shifts in his creatures' engagements with their environment to construct personalities, engaging in a process of assigning movements to them. Sometimes they appear to be robotic, at other times graceful. The expressive range of Choe's kinetic sculptures also evolved along with technological advances that enabled smoother and more sophisticated articulation, allowing the creatures to transition from clumsy to elegant.

이와 동시에 작품의 움직임 역시 직접적이거나 암시적인 방식으로 삶과 죽음의 순환에 뿌리를 두고 있다. 열림과 닫힘, 전진과 후퇴, 확장과 축소, 개화와 쇠퇴의 반복은 최우람 조각이 지닌 표현적 레퍼토리의 일부다. 그가 만든 꽃 형태의 조각이 보여주는 퍼포먼스적 표현은 다음 세대의 꽃이 개화하고 만개할 수 있도록 씨앗을 뿌린다는 의미를 내포하며, 세대를 거쳐 진화하는 자연적 순환을 암시한다.

최우람의 조각은 고유한 기계적 스타일을 지니지만 인간 삶의 조건에 깊이 뿌리내리고 있다. 그가 만든 기계장치들은 인간 욕망의 상징이자 표상이며, 기술의 확장을 통해 환상적인 것으로 진화한 존재의 형태로서 인간이 지닌 가능성을 배가하려는 열망을 시각화한다. 이런 기계적 유기체들이 매혹적인 이유는 이들이 인간의 욕망을 포착하는 동시에 스스로 목적과 열망을 가져 창조주로부터 독립을 취하는 것처럼 보이기 때문이다. 최우람이 만든 존재들이 지닌 학명과 상상의 분류 체계는 그것을 더 사실적으로 보이게 하며, 동시에 자신의 능력을 초월하고자 하는 인간적 열망에 대한 분류 체계를 만들어낸다. 최우람에게 한계를 뛰어넘고자 하는 상징적이고 시적인 시도는 책임과도 깊이 연결되어 있다. 이는 서로를 보살피고자 하는 인간의 책임일 수도 있고 인류를 지켜야 하는 로봇의 책임일 수도 있다.

최우람 조각의 또 다른 핵심 요소는 자연과 문명의 상호작용이다. 그가 발명한 피조물들은 우리가 살고 있는 기술 세계의 산물로 존재하며 다른 종류의 "자연"을 상징하는 산업적 재료로 만들어진 복잡한 유기체들이다. "자연" 풍경에서 마주치는 야생 동물이라기보다 도시의 생명체라 하겠다. 최우람의 성장과정은 생명체와 진화하는 유기체를 모방하고 기능을 구사하는 기계적이며 비유기적 존재에 대한 탐구에 영향을 미쳤다.

At the same time, the artworks' movements are also rooted in cycles of life and death, be it explicitly or in more allusive ways. Recurrent articulations of opening and closing, advancing and retreating, expanding and retracting, blooming and fading are part of the sculptures' expressive repertoire. The performative expression of Choe's flower sculptures also implies the spreading of seeds for the next generation of flowers to open and bloom, hinting at the natural cycles of evolutions through generations.

While Choe's sculptures have a distinctively machinic style, they are deeply rooted in the human condition. His machines are symbols and representations of human desire, visualizing the yearning to expand the human range of possibilities in the form of beings that evolved into the fantastic through technological extensions. What makes the simulated organisms deeply captivating is that they both capture human desires and seemingly achieve independence from their creator, developing their own purpose and aspirations. The beings' scientific names and imagined taxonomic system make them appear more realistic and, at the same time, create a taxonomy for the human aspirations to transcend their own abilities. For Choe this symbolic and poetic play with the desire to transcend limitations is also deeply tied to responsibility, be it the responsibility of humans to take care of each other or that of robots to guard humanity.

Another central element of Choe U-Ram's sculptures is the interplay between nature and civilization. The creatures he invents are intricate organisms made of industrial material that represent a different kind of "nature" by being products of the technological world we inhabit — city creatures rather than the wildlife encountered in "natural" landscapes.

자연풍경보다 도시 경관을 보며 자란 최우람은 점점 더 기술의 영향을 받는 도시의 성장을 목격했고, 그의 작업은 작가가 처한 환경의 확장판이 되었다. 스토리텔링이 관객과 소통하는 주요한 수단이기에, 그는 자신에게 익숙한 환경이나 작업이 전시되는 맥락, 공간과 모두 이어지는 내러티브에 의존한다.

최우람이 만든 피조물은 심리적 상태에 물리적 형태를 부여하는 경우가 많다. 예를 들어, <제트 하이아투스>(2004)는 인간이 탐구하고 발명하는 과정에서 발생한 열망과 잔해가 스스로 생명력을 가진 경우다. 모하비 사막에 있는 비행기 폐기장에서 최초로 관찰된 것으로 추정되는 <제트 하이아투스>는 제트 엔진 안에 살고 있는 무기체 생물의 돌연변이로 분류된다.

> 여객기의 엔진과 흡사한 형태를 하고 있다. 여름철에는 북위 50도, 겨울철에는 북위 25도 부근 상공 40,000 피트에서 제트 기류의 역방향으로 날고 있는 모습이 발견된다. 간혹 버려진 비행기들의 무덤 주변과 항공기 엔진 조립 공장이 있는 지역에 착지해 있는 모습에 대한 목격담이 많이 전해오고 있다. 그래서 과학자들이 회귀하는 연어에 비유하기도 한다.

이것은 상어처럼 생긴 기계 물고기로 엔진이 몸체를 구성한다. 여러 갈래의 꼬리와 내부의 회전을 이용해 앞으로 나아가는 움직임을 보여주지만 공중에 가만히 떠 있다.

진화와 과정

기술 혹은 생명체를 막론하고, 최우람의 작업에서 진화는 항상 핵심적 비유로 사용됐으며 창작 과정의 맥락에서도 이 점을 고려해야만 한다. 최우람은 작품 제작 과정이 고정된 궤적에 따라 진행되지 않는다고 설명한다. 때로는 어떤 이야기로부터 피조물이 등장하기도 하고, 특정한 형태를 출발점으로 삼기도 하며, 자연이나 도시

Choe's exploration of machinic, non-organic beings that mimic and function like living and evolving organisms also was influenced by his upbringing. Growing up in cityscapes rather than natural landscapes, he witnessed the evolution of increasingly technologized cities and his works became an extension of his environment. Since storytelling is one of Choe's main conduits for connecting with his audiences, he relies on narratives connected to both environments familiar to him or the context and surroundings in which the work is exhibited.

Choe's creatures frequently give physical form to psychological states and archetypes. *Jet Hiatus* (2004), for example, can be seen as the aspirations and detritus of human exploration and invention taking on their own life. Supposedly first observed at an airplane scrap site in the Mojave Desert, *Jet Hiatus* is classified as a mutation of an inorganic creature living in a jet engine:

> *It is outstandingly similar to the engine of a passenger plane in its form. It is often found flying against the jet stream that flows through the upper atmosphere about 40,000 feet high at 50 degrees North latitude in summer and at 25 degrees North latitude in the winter. Many witnesses also testify that they have seen Jet Hiatus landing around airplane dumps and assembly plants for airplane engines. Many scientists often compare it to a form of regressed salmon.*

A shark-like machinic fish with the body of an engine, it propels from its multi-pronged tail, its interiors spinning, yet remains suspended in mid-air.

Evolution and Process

Evolution, be it that of technologies or life

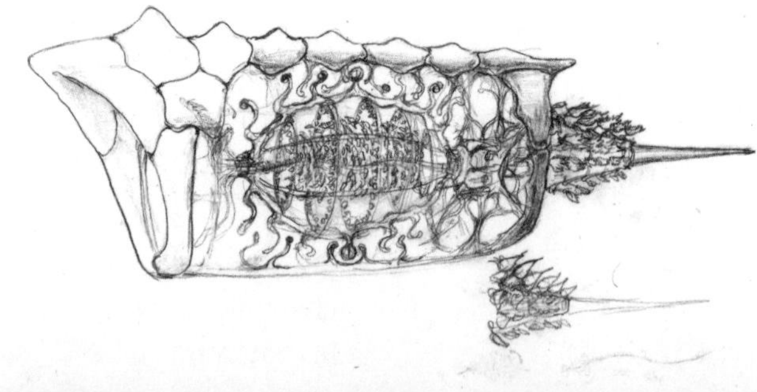

<제트 하이아투스> 드로잉
Jet Hiatus Drawing

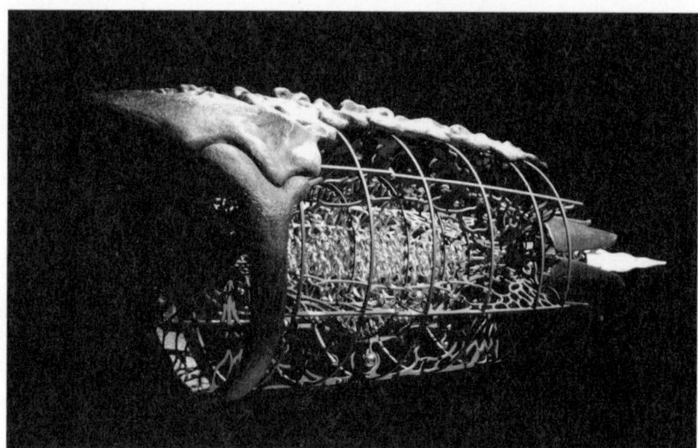

<제트 하이아투스>, 2004, 철, 아크릴릭, 기계 장치, 합성 레진, 아크릴 물감, 전자 장치 (CPU, LED 보드, 모터), 88 x 222 x 85 cm
Jet Hiatus, 2004, steel, acrylic, machinery, synthetic resins, acrylic paint, electronic device (CPU, LED board, motor), 88 x 222 x 85 cm

생활의 순간들이 영감의 원천이 되기도 한다. 그의 조각이 지닌 프로그래밍, 움직임, 형태는 종종 직관적 아이디어에서 나오지만, 다른 형태로 변해 자체적인 삶을 영위하고 의도하지 않은 결과를 도출하는 경우도 있다. 창조가 진화 과정 그 자체가 되는 것이다. 최우람은 종종 제어장치가 존재하지 않고, 그로 인해 두려운 징후나 경고 신호가 도출되는 사회를 상상한다.

최우람의 작업은 수년에 걸쳐 자체적인 진화 과정을 거쳤고, 그 과정에서 미묘하게 관점이 바뀌었다. 그가 만든 피조물들은 기생적 특징과 보다 공생적인 특징 사이를 오가며, 작업은 점점 더 환경적 맥락과 상징적 맥락에 중점을 두는 모습을 보인다. 2012년에는 학교에서 강의를 시작하며 예술적 아이디어와 사고, 어휘가 확장되기 시작했고, 이것이 그의 작업을 보다 개념적으로 만들었다. 당시 아시아에서는 유튜브, 팟캐스트와 같이 투명성을 확장시킨

forms, has always been a central metaphor in Choe's work and has to be considered in the context of the artist's own creative process. Choe explains that the process of developing his works doesn't follow a fixed trajectory. Sometimes creatures emerge from a story, at other times a shape is a point of origin, and moments in nature or city life serve as a source of inspiration. The programming, movement, and shape of his sculptures are often driven by an intuitive idea, but then morph into something else and take on their own life, with the results being different from the intent. Creation becomes an evolutionary process itself. Choe occasionally imagines society without a controller, with the final result becoming scary or a warning sign.

Over the years, Choe's work has undergone its own process of evolution and its focus subtly shifted. His creatures oscillated between

플랫폼을 통해 민주주의가 고양되었고, 이렇게 증폭된 정치와 역사에 대한 작가의 관심은 자신의 피조물과 조각, 퍼포먼스로 드러났다. <허수아비>(2012)와 같은 조각 작품은 기계생명체 연작과 시각적으로 매우 상이하며, 사회적 갈등, 자본주의 사회, 인류 자체에 더 집중한다. <허수아비>는 길쭉한 튜브형의 몸체와 천사처럼 보이면서도 위협적인 큰 날개가 달린 거대한 형상으로, 오직 전선만 사용하여 만들어졌다. 이 조각은 인터넷이 지닌 통신망을 통한 연결성과 초월성, 뿐만 아니라 그것이 지닌 가능성과 어두움을 통해 인터넷의 '얼굴'을 보여준다.

최우람은 자신의 변한 작업 태도에 대해 이렇게 설명한다. 그는 삶의 짧은 순간들을 은유적 표현으로 정제하며 점차 삶에 대한 철학을 담는 방향으로 진화했다. 어느 날 길가에서 친구들과 술을 마시던 중 그는 형태가 불명확한 물체가 이상한 속도로 '달려가는' 모습을 포착했다. 물체는 그저 비닐 봉지였을 뿐인데, 이로 인해 그는 인식이 사물의 가치를 어떻게

parasitic and more symbiotic features, and his work exhibited a growing emphasis on environmental and symbolic contexts. In 2012 Choe's artistic ideas, concepts, and vocabulary started expanding through his teaching within an art school, which made his work more conceptual. The rise of democracy in Asia — which had gained momentum through platforms such as YouTube and podcasts that brought increased transparency — amplified Choe's interest in politics and history, manifesting in his creatures, sculptures, and performances. Projects such as his sculpture *Scarecrow* (2012), visually very different from the anima-machine series, became more focused on social conflict, capitalist society, and humanity itself. The shape of the gigantic *Scarecrow* — a humanoid figure with an elongated tube-like body and large wings that appears both angelic and threatening — is made entirely from electric wires. The sculpture represents the 'face' of the Internet in its networked connectivity and transcendence, as well as potential and darkness.

<허수아비>, 2012, 전기선, 금속 재료, 모터, 유압실린더, 커스텀 CPU 보드, 메탈할라이드 램프, 370 x 500 x 240 cm
Scarecrow, 2012, electric wire, metallic material, motor, hydraulic cylinder, custom CPU board, metal halide lamp, 370 x 500 x 240 cm

변화시키는지와 시스템이 이러한 가치를 어떻게 통제하는지에 대해 깊이 생각하게 되었다. 조각 작업인 <파빌리온>(2012)은 정교한 궁전과 같은 구조를 갖추고 금도금된 쇼케이스 내부에 송풍기 바람을 타고 '살아 있는 듯' 부유하는 비닐 봉지를 넣어 이러한 역설을 탐구한다. 평범한 비닐 봉지, 봉지를 둘러싼 채 영광과 권력을 암시하는 구조물은 각자가 지닌 가치와 그것의 구축 과정에 대한 질문을 제기한다.

최우람은 항상 특정 순간에 대한 해답을 제공하기보다 열린 질문을 던지는 것을 목표로 삼는다. 그는 종종 조각의 움직임을 만들기위해 자기 자신을 '시뮬레이션'하고, 이를 통해 자신의 흔적을 남기는 동시에 작업을 인류와 결부시킨다. 이처럼 지극히 개인적인 것을 인간적 표현의 더 넓은 스펙트럼과 결합하는 것은 최우람에게 의미 형성의 맥락을 제공하고, 전환하고, 질문하기 위한 도구로 기능한다.

<파빌리온>, 2012, 레진, 합판, 크리스탈, 24K 금박, 비닐봉지, 금속 재료, 송풍 장치, 모터, 커스텀 CPU 보드, LED, 244 x 132 x 112 cm
Pavilion, 2012, resin, wood, crystal, 24K gold leaf, plastic bag, metallic material, fans, motor, custom CPU board, LED, 244 x 132 x 112 cm

Choe describes a shift in his attitude towards his work, which increasingly evolved into a philosophy of living, distilling brief moments in life into metaphors. He recalls having a drink with friends on the street and noticing an object of obscure shape 'running' at an unusual speed in the street. The object turned out to be just a plastic bag, which made him ponder how perception changes the value of objects and how systems control this value. His sculpture *Pavilion* (2012) explores this paradox by placing a floating plastic bag, 'animated' by fans, into an exquisite, gold-plated showcase resembling a palace-like structure. The mundane plastic bag and its casing's suggestion of glory and power question their respective value and the process of constructing it.

Choe's goal always is to ask open questions rather than providing answers for specific moments in time. As he puts it, he occasionally 'simulates' himself to generate the movement of his sculptures, both leaving his mark and anchoring the work in humanity. This combination of the deeply personal and the larger spectrum of human expression functions as Choe's conceptual toolkit for providing, shifting, and questioning contexts of meaning making.

기계는 예술을 제어할 수 있는가[1]

이영준, 기계비평가, 계원예술대학교 교수

사람들은 참으로 제어에 집착한다. 제어란 대상이 원하는 쪽으로 움직이도록 조절하는 행위다. 제어는 영어로 'control'인데 주로 기계에 쓰이는 경우는 정밀제어precision control라고 한다. 각종 센서를 써서 수천 분의 1mm 단위로 움직임을 제어하는 것이 정밀제어다. 제어를 잘 해야 기계가 원하는 대로 작동하니 기술공학에서는 제어가 중요하다. 코로나 백신이 정확한 농도와 양으로 생산되도록 하는 것, 우주공간에 쏜 로켓이 정확한 시간에 엔진점화를 멈추도록 하는 것, 교통신호등이 정확한 주기로 점등되게 하는 것이 다 제어다. 일상 속에서도 다양한 방식으로 제어가 일어난다. 학교 선생님이 학생들을 잘 설득해서 착실히 공부하도록 하는 것, 말 안 들으면 소리 버럭 지르는 것, 강아지가 아무데나 똥 싸지 못하게 길들이는 것도 다 제어다. 제어는 인간사회의 온갖 곳에서 다 실행되고 있다. 제어가 없는 사회는 혼란의 도가니다.

그렇다면 자유분방한 정신의 놀이터인 예술에도 제어가 적용될까? 당연하다. 제어에 대한 집착이 예술계라고 피해갈 리가 없다.

1 글의 영문 제목은 핑크 플로이드Pink Floyd의 초기 앨범 *A Saucerful of Secrets* (1968)에 실린 노래의 제목에서 가져왔다. 최우람의 기계에 구현돼 있는 제어의 개념이 인과론적으로 미리 설정해 놓은 결과만 내놓는 꽉 막힌 '기계적인' 차원에 머무르지 않고 세상의 모든 묶인 것들을 풀어놓아 자유롭게 놀고 멀리 날아가도록 해주는 주문呪文의 역할을 해줄 것으로 기대되어 글의 제목으로 삼았다. 그 가사는 다음과 같다.

Little by little the night turns around
Counting the leaves which tremble at dawn
Lotuses lean on each other in yearning
Under the eaves the swallow is resting
Set the controls for the heart of the sun
Over the mountain watching the watcher
Breaking the darkness waking the grapevine
One inch of love is one inch of shadow
Love is the shadow that ripens the wine
Set the controls for the heart of the sun
The heart of the sun (12번 반복)
Witness the man who raves at the wall
Making the shape of his question to heaven
Whether the sun will fall in the evening
Will he remember the lesson of giving?
Set the controls for the heart of the sun
The heart of the sun (12번 반복)

Set the Controls for the Heart of the Sun[1]

Youngjune Lee, Machine Critic, Professor of Art & Design at Kaywon University

Control is the act of regulating something or someone. All of us are subject to various forms of control in our daily lives, from students who must sit and listen to their teacher to drivers who must sit and wait for a traffic light to change. Without control, society would descend into chaos. Control is especially important in the world of mechanical engineering since a machine must be controlled in order for it to be of any use. Many of today's machines are operated with "precision control," wherein numerous sensors are used to monitor and regulate their movements in infinitesimal units.

But is control required in the realm of art, that playground for free expression? Absolutely. Even the most famous artists cannot hold an exhibition without applying online for government funding, carefully balancing their accounts, and submitting their work before the deadline. After all, artists are social beings too, and thus cannot escape the net of control thrown down by society. There are, however, a few artists who openly acknowledge and explore the mechanisms of control, which

1 This article is named after an early song by Pink Floyd, from their album *A Saucerful of Secrets* (1968). I feel that this title reflects the idea that the concept of "control" embodied by Choe U-Ram's machines can serve as an incantation that unties everything that is bound by the rigid "mechanical" dimension of causality, with its predetermined results, allowing them to freely play and fly away. The lyrics of the song (written by Roger Waters) are:

Little by little the night turns around
Counting the leaves which tremble at dawn
Lotuses lean on each other in yearning
Under the eaves the swallow is resting
Set the controls for the heart of the sun
Over the mountain watching the watcher
Breaking the darkness waking the grapevine
One inch of love is one inch of shadow
Love is the shadow that ripens the wine
Set the controls for the heart of the sun
The heart of the sun (repeat 12 times)
Witness the man who raves at the wall
Making the shape of his question to heaven
Whether the sun will fall in the evening
Will he remember the lesson of giving?
Set the controls for the heart of the sun
The heart of the sun (repeat 12 times)

기금을 받았는데 이 나라 도움을 통해 정확하게 정산하지 않으면 제 아무리 겸재 정선이라도 다음 전시를 할 수 없다. 전시를 하기로 했는데 정해진 날짜에 작품을 설치하지 않으면 모두가 곤란해진다. 작가도 사회적 존재인 한 사회가 쳐놓은 제어의 그물망을 피할 수 없다. 예술가는 고상한 예술의 정신을 표현하기 앞서 제어의 그물망부터 다뤄야 한다. 그래서 예술가가 비굴해지는 것이다. 그렇다면 비굴하지 않은 예술가가 있을까? 자신이 제어받고 있다는 사실을 숨기지 말고 당당히 드러내 작업한다면 비굴하지 않을 것이다. 그래서 제어를 대상으로 작업하는 작가가 있나 찾아나서 봤다.

기계의 몸과 생명의 몸

최우람의 작업실 겸 공장에 처음 들어섰을 때 제일 먼저 눈길을 끄는 것은 비닐로 된 지푸라기였다. 그것들은 그의 작업 <원탁>(2022)에서 원탁의 아래에 깔린 채 우두머리 경쟁을 하는 머리 없는 허수아비의 몸체를 이룰 재료였다. 지푸라기가 가짜라는 사실에 일단 놀랐다. 그리고는 지푸라기라는 유기체가 기계에 쓰인다는 사실이 흥미로웠다. 최우람의 작품/기계에서[2] 유기물인 합성 지푸라기를 구조의 일부로 쓰고 있다는 사실은 오늘날 문명의 성격에 대해 뭔가 상징적인 의미를 가지고 있는 것 같다. 즉 기계의 먼 근원에는 생명체가 있었으나 세월이 흘러흘러 온갖 기술이 발달한 지금 기계와 생명체의 관계는 고분자합성물질, 즉 플라스틱이라는 기이한 물질로 구현돼 있다는 것이다. 분류상 합성수지라고[3] 할 수

2 이후로는 작품/기계라는 말을 계속 쓸 예정이다. 최우람이 만든 물건들이 작품과 기계의 두 가지 존재론적 상태를 다 가지고 있기 때문이다.

3 이 말도 참 우스운 것이, 원래 수지樹脂란 나무의 진을 말한다. 플라스틱이 찐득찐득하니까 인공적으로 만든 나무진, 그래서 합성수지라는 말을 쓰기 시작했는데 오늘날 수지라고 하면 그냥 합성 플라스틱을 말한다. 그러니까 나무에서 나온 수지는 그 원래 뜻을 잃고 복잡한 석유화학 공정에서 나온 플라스틱에 자리를 내주고 말았다.

therefore grants them a degree of freedom. This article is about one of those artists.

Machine Body and Living Body

As soon as I set foot in Choe U-Ram's studio and factory, the first thing that caught my eye was an assortment of plastic straws that he had used in his work *Round Table* (2022). To be specific, the straws were used to make the bodies of the headless figures who move around beneath a round tabletop, competing for a single head. My first reaction was surprise that he had decided to use artificial straws, rather than natural materials. But then I was doubly surprised to learn that these "artificial" straws, actually contain some organic materials. The fact that Choe used synthetic straws as a crucial component of his "work/machine" has symbolic significance relating to the nature of our current culture and technology.[2] We often forget that all of our machines contain living things in their deepest roots.

Today, thanks to the advanced development of technology, the relationship between machines and life is embodied by plastic, a very peculiar material consisting of synthetic polymers. In most cases, no matter how thoroughly you analyze or dissect plastic, which is generally classified as a "synthetic resin," you will not find a single trace of life, since nothing organic can survive for 500 million years.[3] In fact, the only hint that plastics, or "synthetic organic compounds," are rooted in life is the word "organic."

The first modern machine, the steam

2 In this article, I often refer to Choe U-Ram's works as "work/machines" in order to emphasize their dual ontological states as both artwork and machine.

3 The term "synthetic resin" is also quite peculiar, given that "resin" originally referred to a sticky substance that comes from trees. Most of today's resin, however, consists of synthetic plastic. As such, the natural substance has given way to an artificial substance made with a complex petrochemical process.

있는 이 물질을 아무리 들여다봐도 생명체의 흔적은 보이지 않는다. 하긴 5억년 전에 존재했던 생명체의 흔적이 눈앞에 보일 리가 없다. 오늘날의 플라스틱이 생명체에 근원을 두고 있다는 사실은 유기물, 즉 생명체를 뜻하는 'organic'이란 말에만 남아 있을 뿐이다. 최초의 근대적 기계인 증기기관에는 유기물이 전혀 쓰이지 않았다. 주요 구성부품은 철로 돼 있었고 연료인 석탄, 증기를 만들 물은 무기물이니 말이다. 기계에 유기물이 쓰이기 시작한 것은 1907년 최초의 합성수지인 베이클라이트가 발명되고 나서였다. 1970년대까지만 해도 생활 주변 여기저기서 모습을 볼 수 있었다. 당시의 전화기, 전기 스위치들이 베이클라이트로 된 것이었다. 오늘날에는 PE(폴리에틸렌), PP(폴리프로필렌), PET(폴리에틸렌 테레프탈레이트) 등 다양한 형태의 플라스틱이 손잡이, 스위치, 기어, 전선의 피복, 케이스 등 다양하게 쓰이고 있다. 결국 오늘날의 기계에는 다양한 성분과 형태를 가진 유기물들이 쓰인다고 할 수 있다. 최우람의 작품/기계는 전체적인 형태와 작동이 가상의 생명체와 닮아있기는 하지만 실은 작품에 쓰인 재료로서의 유기물의 먼 근원이 생명체였다는 사실 때문에 가상 이상으로 생명체와 가깝다. 벼에서 얻어낸 지푸라기와 합성물질로 만든 지푸라기의 차이는 생명체의 근원으로부터 얼마나 떨어져 있느냐 하는 것 뿐이다. 벼에서 얻은 지푸라기에는 며칠 혹은 몇 달의 시간이, 합성 지푸라기에는 5억년의 시간이 들어있다. 최우람의 작품/기계 <원탁>에 합성의 가짜 지푸라기를 쓴 이유가 내구성 때문이기는 하지만 거기에는 오늘날의 물질문명이 시간의 간극을 건너뛸 수 있게 한 역사의 축지술이 숨어 있다.

기계와 생명체가 다른 결정적인 지점은 생명체는 스스로 복제와 번식이 가능한 반면 기계는 수많은 인간들의 피와 땀과 시간과 희생으로 만들어진다는 점이다. 그의 작품들은 어떤 모터가 소음이 적고 내구성이 좋은가, 어떤

engine, did not contain or utilize any organic materials. All three of its main components—iron, coal, and water—are inorganic. Organic materials were not used in machinery until 1907, with the invention of bakelite, the first completely synthetic resin. Up until the 1970s, bakelite was very common in daily life, being used to make telephones, electrical switches, and many other household items. Today, our handles, switches, gears, wire coverings, and cases are made from different types of plastic, such as PE(polyethylene), PP(polypropylene), or PET(polyethylene terephthalate). Indeed, today's machines can contain a wide variety of organic materials with diverse forms and components.

In terms of both their appearance and movement, Choe U-Ram's work/machines are often thought of as "virtual" lifeforms. But in reality, they might be closer to actual living organisms, when you consider that many of their components contain organic materials. After all, the only difference between "organic" straws made from rice hay and "synthetic" straws made from plastic is the amount of time that has passed since the material was alive. While the time contained in hay straws can be measured in days or months, synthetic straws contain 500 million years. Choe chose to use synthetic straws in *Round Table* for simple reasons of durability, but these seemingly ordinary objects, also represent a hidden technology, in that they embody an almost inconceivable time jump from ancient history to today's material civilization.

The fundamental difference between machines and living things is that living things can reproduce on their own, whereas machines are produced through the blood, sweat, time, and sacrifice of numerous people. Likewise, Choe's works are the result of prolonged and difficult labor by many different people who must solve a number of mechanical issues, such as finding a motor that is both

재질이 무게를 버티면서도 가벼운가, 어떻게 프로그래밍을 해야 움직임이 부드러운가 등 온갖 기계적인 문제를 해결하기 위해 많은 사람들이 오랜 시간 궁리해서 만든 것들이다. 생명체는 살아가면서 마주하는 문제들을 스스로 해결해야 하는 반면 기계는 누군가 해줘야 하는데, 최우람과 그의 조력자들은 그런 문제를 해결해 주는 기계 외적인 요인들이다. 약간 철학적으로 말하자면 생명체는 내재적인데 반해서 기계는 외재적이다. 즉 생명체는 문제해결의 실마리를 스스로 가지고 있는데 반해서 기계는 철저히 바깥에서, 즉 인간이 제공해줘야 한다는 점이 근본적으로 다르다. 문제해결의 실마리를 가지고 있지 못한 생명체는 멸종했기 때문에 지금 세상에 존재하는 모든 생명체는 문제해결 능력을 어느 정도는 갖추고 있다. 생명체는 설사 문제해결의 실마리를 가지고 있지 못하고 있다고 해도 학습능력을 가지고 있기 때문에 신체를 변형하거나 머리를 써서 해결해 낸다. 그러나 기계의 문제해결 능력이 외재적이라고 해서 기계와 문제해결이 완전히 단절돼있는 것은 아니다. 오래 기계를 다룬 인간이 기계인간이 되고, 그의 기계는 그의 인격과 소통하여 서로가 서로에게 침투해 있는 변증법적인 관계가 되듯이, 최우람과 그의 조력자들은 더 이상 최우람의 작품/기계에 대해 외적인 요인은 아니다. 작품/기계의 재질과 구조, 스펙, 그것을 움직이는 알고리즘, 기계조립의 모든 과정들이 몸과 마음에 녹아있기 때문에 그들 사람들은 기계와 별개가 아니다. 그런 점에서 최우람의 작품/기계는 생명체라고 할 수 있다.

<u>전시용 기계와 비전시용 기계</u>

그런데 기계라면 뭔가 기능이 있고 용도가 있어야 하는데 최우람의 작품/기계가 하는 일은 무엇일까? 있는 그대로 말하자면 <작은 방주> (2022)의 경우 '수많은 날개를 다양한 리듬과 주기로 움직인다', <원탁>의 경우 '허수아비들이

quiet and durable, choosing a lightweight material that can withstand a certain weight, and programming the components to move smoothly with no hesitation. Every living thing must continuously solve problems in order to survive, while machines rely on someone else to do this for them. In this case, Choe U-Ram and his team are the "someone else" who must solve the problems for the work/machines. In philosophical terms, living things are intrinsic, whereas machines are extrinsic. This fact that living things must solve problems for themselves while machines are given solutions from outside (i.e., from people) is another fundamental difference. All living things must possess some problem-solving ability, or else they would have gone extinct long ago. Even if a new problem arises, living things have the ability to learn, which means they can use their brains or transform their bodies until a solution is achieved. But while machines almost always rely on extrinsic sources to solve problems, this does not mean that they have absolutely no problem-solving ability. Just as a person who works with machines for a long time can become somewhat of a "humanoid," certain machines can gradually start to communicate with humans' personalities. In this way, humans and machines can develop a dialectical relationship in which the two parties permeate one another.

For example, Choe U-Ram and his team are no longer totally extrinsic to his work/machines. By this time, these humans have assimilated the materials, structure, specifications, assembly process, and algorithms of the work/machines to such an extent that they are no longer completely separate entities. In this sense, Choe U-Ram's work/machines are very much alive.

<u>Display or Non-Display Machines</u>

Every machine must have a function and

서로 밀쳐 원탁의 높낮이를 움직인다' 정도이다. 그렇게 해서 무엇을 하는가? 그 다음이 애매하다. 여기서 이 세상 기계들에 대한 분류가 등장한다. 이 세상의 모든 기계들은 전시용 기계와 비전시용 기계로 나뉜다. 전시용 기계는 대부분의 소비용 기계들이다. 자동차에서부터 냉장고나 티비 같은 가전제품, 핸드폰 등 우리가 살 수 있는 기계들은 강력한 전시효과를 가진다. 전시효과는 기계의 성능과 아무 관계가 없지만 중요하다. 소비자들은 자동차를 살 때 엔진 출력이 몇 마력이고 토크는 얼마며 실린더가 몇 개냐를 가지고 고르는 것이 아니라 색깔은 무엇인가, 헤드램프 모양은 어떤가 등 외양을 보고 판단한다. 전시용 기계들은 스스로를 팔뿐 아니라 어느 이론가의 말마따나 이 세상 전체를 스펙터클 즉 구경거리로 만든다. 우리는 수많은 전시용 기계들을 보면서 살아가니 말이다. 람보르기니가 지나가면 멋지다고 돌아보고 티코가 지나가면 아직도 돌아다닌다고 신기하다고 돌아본다. 친구들끼리 새로 산 스마트폰을 돌려보며 겉모습에 감탄한다. 그게 다 스펙터클의 효과다. 반면 비전시용 기계는 소비자의 눈에 띄지 않는 생산기계, 어딘가 감춰져서 시스템의 기반을 이루는 기계들이다. 공장에서 쓰이는 선반, 밀링, 드릴 등의 공작기계, 전철이 다닐 수 있게 받쳐주는 전력, 신호, 선로를 제어하는 시스템들이 그것이다. 비전시용 기계는 소비용 기계가 아니기 때문에 멋스럽게 만들 필요가 없다. 그저 투박하고 복잡하다. 사실 그런 기계들도 디자인을 신경 쓰기는 하지만 일반 소비자들은 볼 일이 없으므로 그 관람객은 그런 기계를 다루는 소수의 기술자들 뿐이다.

최우람의 작품/기계는 당연히 전시용이다. 미술관에 전시하라고 만든 것이다. 전시용 예술작품을 만드는 작가는 작품의 표면만 신경 쓰면 된다. 종이의 뒤에 물감을 바르는 배채背彩 기법을 쓰는 전통인물화가나 캔버스 뒤에서 물감을 밀어내는 작업을 하는 어느 원로 화가를 제외하고는 대부분의 화가들은 그림의 앞면만을

purpose. So what do Choe U-Ram's work/machines actually do? Speaking literally, we could say that *Little Ark* (2022) consists of many wings that move in different rhythms and cycles, while *Round Table* comprises figures that push against one another, thereby moving a round tabletop. But is that really what they do? To answer this, we must consider one of the basic ways of classifying machines: display or non-display.

Display machines primarily consist of machines made for consumers, such as automobiles, refrigerators, TVs, mobile phones, and so on. For such machines, the display or appearance is a crucial factor, even if the display has little or no bearing on the machine's performance. For example, most consumers do not choose a car based on the amount of horsepower, the torque, or the number of cylinders in the engine; they generally focus more on the color of the car, the shape of the headlights, and the overall look. In this sense, display machines not only sell themselves, but also transform the entire world into a spectacle.

So much of our lives today is spent looking at display machines. When a Lamborghini drives by, our head immediately turns to admire its striking appearance. Our head might also turn if we spot a Tico (an economy car that ceased production in 2000) on the road, but only from amazement that it is still in operation. When a friend gets a new phone, we pass it around and praise its appearance. All of these tendencies are the direct effect of spectacle.

In contrast, non-display machines are usually hidden from the gaze of most consumers, often serving as the basis for mechanical production or regulation. Such machines include lathes, mills, drills, and other machines commonly found in factories, or machines for regulating transportation systems, like devices for controlling the power,

다룬다. 조각가도 마찬가지다. 그런데 작업에 기계가 개입하면 얘기가 달라진다. 미디어 작가라면 미디어의 효과를 내는 알고리즘이나 장치의 특성, 그것들이 발휘할 성능과 효과에 대해 작업해야 한다. 하지만 작가가 진정한 의미의 기술자는 아니기에 그는 미디어 기계들의 깊은 문제에 대해 외적이다. 반면 최우람과 그의 조력자들은 기계를 설계하고 부품을 찾아 조립하는 모든 과정을 스스로 해낸다. 최우람의 작품/기계는 당연히 전시용 기계지만 그 뒤에는 수많은 보이지 않는 비전시적인 면들이 있다. 그 중 가장 중요한 것이 제어다.

자유를 위한 제어

기계에서 제일 중요한 것이 뭐냐고 묻는다면 제어制御, control라고 할 수 있다. 제어의 의미를 가장 확실히 나타내는 말이 있다. 피렐리 타이어는 “Power is nothing without control (통제되지 않은 힘은 아무것도 아니다)”라는 광고 문구를 30년간 써왔다. 제어란 쉽게 말하면 기계를 내 마음대로 다루는 것이다. 집에서 불을 끄고 켜는 것, 자전거 페달을 밟아 앞으로 나아가는 것, 선풍기의 날개 회전속도를 조절하여 적당한 바람을 얻는 것이 가장 기본적인 제어다. 이런 제어는 사람의 감각에 의존하고 있기 때문에 정확하거나 정밀하지 않다. 그저 적당한 정도로 대충하면 된다. 반면, 정밀제어는 항공기나 발전설비, 공장의 생산설비 등 규모가 크고 정밀하게 조절해야 하는 경우 쓰인다. 단순한 제어건 정밀한 제어건 제어는 기본적으로 피드백 루프feedback loop로 돼 있다. 즉 기계가 작동할 때 각 부분의 작동을 모니터링하여 원하는 대로 작동하고 있는지 파악한 후 제대로 작동하고 있지 않으면 적절한 신호를 주어 제대로 작동하도록 모든 요인을 조절하는 것이다. 피드백 루프에서 중요한 점은 기계의 작동을 모니터링하여 수정된 값을 주고 그에 따라 기계가 잘 작동하는지 확인한

signals, and tracks for trains. Since non-display machines are rarely seen by people, there is no consideration given to their appearance. They tend to be utilitarian and unadorned, with no aesthetic or decorative details. While such machines still undergo some type of design process, the target for their design is a handful of technicians, rather than the population at-large.

Given that they are made for literal display in museums and galleries, Choe U-Ram's work/machines are obviously display machines. When preparing an artwork for display, every artist pays particular attention to the external surface. The vast majority of painters and sculptors work strictly on the front side or outer surface of their works. But things change once a machine becomes involved in the artistic process. For instance, media artists often develop algorithms or software in order to achieve various effects. Even so, most artists are not trained as engineers, and thus remain extrinsic to the deep problems of machines. Choe U-Ram and his team, on the other hand, handle every step of the production process, from designing the work/machine to finding and assembling the necessary parts. Thus, even though Choe's work/machines are definitely display machines, they also include many elements of non-display machines. The most important such element is control.

Control for Freedom

For thirty years, the Pirelli tire company has been using the slogan “Power is nothing without control.” Indeed, control is the most crucial factor for every machine. In simple terms, control means the ability to use a machine as one desires. The most basic controls include light switches (on or off), bicycle pedals (go or stop), or the speed control on an electric fan (high or low rotation). Being based on human senses, these types of control require

후 또 모니터링하는 원환적圓環的, cyclic과정이 제대로 돌아가느냐에 있다. 일상적으로 많이 쓰는 '피드백 줄게'라는 말은 그런 원환적 과정은 아니다. 그저 한번 답을 주고 마는 일회적인 과정일 뿐 원환을 이루지 않는다. 형광등을 켜는 단순한 작동은 스위치를 눌렀을 때 '형광등이 켜졌음' 혹은 '안 켜졌음'의 두 가지 상태밖에 없기 때문에 복잡하고 정밀한 원환적 과정이 아니다. 켜졌으면 그냥 놔두면 되고 안 켜졌으면 수리만 하면 되기 때문이다. 반면 가스불을 조절하여 라면을 끓이는 것은 이것보다는 복잡한 피드백 루프를 이룬다. 사람은 물이 적당히 끓는지, 라면과 스프가 끓어 넘치지 않는지, 면발이 제대로 익고 있는지 살펴보면서 모니터링하면서 불조절을 해야 한다. 즉 형광등보다 복잡한 양적 조절이 이루어져야 하는 것이다. 정밀제어에서 모니터링은 사람의 감각보다 훨씬 예민한 센서에 의해 이루어지고, 센서는 점차로 지능화되고 회로에 통합되므로 지각과 판단은 별개가 아니게 된다. 거기에 기계의 학습능력이 추가되면 기계작동의 피드백 루프는 일일이 사람이 개입할 필요 없이 진정으로 자동화된다.

최우람의 <작은 방주>의 경우 굉장히 많은 제어의 변수들이 개입해 있다. 70개의 날개를 닮은 노들은 굉장히 부드러우면서 다양한 운동을 하도록 돼 있는데, 이 움직임의 심장 노릇을 하는 것은 스테핑 모터stepping motor 라는 특수한 모터다. 선풍기나 믹서기에 쓰이는 보통의 모터들은 스위치를 넣어주면 그냥 맹렬히 돌아갈 뿐이다. 회전수나 토크는 모터 자신이 알 바 아니다. 지나치다 싶으면 모터를 꺼주는 것은 사람의 일이다. 바람이 심하면 끄고 사과가 충분히 갈렸다 싶으면 눈으로 보고 꺼준다. 반면 스테핑 모터, 혹은 스테퍼 모터는 회전하는 정도를 단계적으로 움직여주는, 정밀하게 제어되는 모터다. 어느 정도의 스텝 앵글만큼 움직여준다고 해서 스테핑 모터라고 한다. 모터를 돌려주는 드라이버에는 컴퓨터같이 CPU

only approximation, as opposed to absolute precision. On the other hand, very precise control is needed for other types of machines, such as aircrafts, electrical generators, or production machines in factories. Every type of control, whether simple or precise, is basically a feedback loop. While the machine is operating, each part is monitored to determine if it is operating as desired. If it is determined to be operating improperly, a signal is given to make an adjustment until the operation is satisfactory. This type of feedback loop involves monitoring the operation of the machine, giving a corrected value, checking whether the corrected value has been achieved, and then continuing to monitor.

We often hear the expression "I'll give you some feedback," but this type of human feedback does not entail a loop. In most cases, this feedback is only a one-time occurrence that does not trigger a cycle. Meanwhile, a switch for controlling a fluorescent lamp operates between only two states: light on or light off. If the light turns on, the lamp is working; if the light does not turn on, you just have to get the lamp fixed. A slightly more complex feedback loop can be seen on a gas range. While cooking ramen, a person must control the level of the fire while monitoring the water to ensure that it is being heated as desired, so that the noodles will cook properly without the water boiling over. In other words, a gas range involves a more complex quantitative control than a fluorescent lamp. In precision control, the monitoring is performed by sensors that are much more sensitive than humans. These sensors gradually acquire intelligence as they become more tightly integrated with the circuit, until there is little or no separation between perception and judgment. If machine learning is involved, the machine can develop a fully automated feedback loop with no need for human intervention.

가 있어서 모터에게 어느 정도의 회전각도 만큼 돌으라는 펄스신호를 보낸다. 최우람의 작품에 쓰이는 스테핑 모터는 회전각을 360도의 20,000분의 1, 즉 0.018도씩 조절할 수 있게 해주는 매우 정밀한 펄스신호를 보낸다. 그렇게 정밀하게 제어하지 않으면 방주의 노들은 부드럽게 움직이지 않고 끊어지는 움직임을 보이기 때문에 '생명체같이' 보이지 않고 '기계같이' 보인다. 노의 일정 지점에는 엔코더encoder가 있어서 노가 얼마나 움직이고 있는지 모니터링한다. 엔코더는 모터의 회전속도와 회전방향을 감지하는 센서다. 결국 최우람의 작품/기계의 핵심은 스테핑 모터와 엔코더가 합작하여 만들어내는 부드러운 움직임이다. 물론 그 부드러운 움직임이 있기까지 많은 단계들이 있다. 거기에는 최우람, 조력자, 외부 협력업체 기술자 3자 간의 대화가 있었다. 그 대화를 엿들어 봤더니 아래와 같았다.

- Motor A, B는 날개를 구동하기에 적합할 것으로 예상.
- Motor A, B 모두 날개 구동시 필요한 최대 토크보다 약 1.9배 높은 토크 제공이 가능함.
- 해석조건에 조인트 마찰, 공기저항 등은 적용하지 않았으나 모터 출력 대비 상대적으로 작을 것으로 예상.
- (결과참고) Motor A 요구 토크[4] 6.23 N·m(뉴턴 미터), 3.33 N·m @100RPM 이상.
- Hinge A_WJ의 최대 구동 토크는 71 N·m, 최대속도(5RPM)에서의 구동 토크는 54 N·m.
- 웜기어 감속비(20:1), 효율(동적: 0.81, 정적: 0.57)을 적용하여 산출(조인트 마찰, 공기저항 미적용).
- (결과참고) Motor B 요구 토크 4.25 N·m, 2.96 N·m @31.25RPM 이상.
- Hinge B의 회전 최대 구동 토크는 23 N·m, 최대 속도(5RPM)에서의 구동 토크는 16 N·m.

4 토크torque: 돌림힘, 회전력回轉力, 물체를 회전시키는 효력을 나타내는 물리량이며, 힘과 받침점까지의 거리의 곱이다. 돌림힘은 힘과 거리를 곱한 차원을 갖고 있으며, 국제단위는 뉴턴 미터(N·m)이다. (출저 위키백과)

Choe U-Ram's *Little Ark* involves numerous control variables. The seventy oars, which resemble soft wings, are designed to move in various ways, guided by a special type of motor known as a "stepper motor." Ordinary motors, like those in fans or blenders, run at a certain power when the switch is turned on. The motor itself does not know the rotation speed or torque.[4] If the motor is running with too much power, it is a human's job to turn it off. When the breeze is too strong or the apples are sufficiently minced, a person turns the machine off. But a stepper motor adjusts the rotation in steps or stages, allowing for more precise control. The driver that turns the motor has a CPU, which sends a pulse signal that causes the motor to turn at a certain rotation angle. The stepper motors used in Choe U-Ram's work send a very precise pulse signal that can adjust the rotation angle in increments of 0.018 degrees, or 1/20,000th of 360 degrees. Without such precise control, the oars of the ark would not move smoothly, but rather with slight stutters or breaks in the flow. In other words, they would move like a machine, rather than like a living thing. Also, each oar has an encoder or sensor that monitors its respective movement, including the speed and direction of the motor's rotation. This smooth movement, created through the cooperation between the stepper motor and the encoders, is a fundamental characteristic of Choe U-Ram's work/machines. Of course, this movement is not easy to achieve, and requires many steps. I was recently able to sit in while the artist discussed this process with his assistants and

4 Torque: In physics and mechanics, torque is the rotational equivalent of linear force. It represents the capability of a force to produce change in the rotational motion of the body. Torque is defined as the product of the magnitude of the force and the perpendicular distance of the line of action of a force from the axis of rotation. The SI unit for torque is the newton-meter (N·m). (From Wikipedia.)

- 베벨기어 효율(0.96), 타이밍벨트/풀리 효율(0.95)을 적용하여 산출(조인트 마찰, 공기저항 미적용).

복잡한 얘기를 요약하자면 노(혹은 날개) 하나에 모터가 두 개(A, B) 들어가는데 그것들이 날개를 움직이게 하기 위한 충분한 구동력을 가지고 있는가, 부속으로 쓰일 베벨기어bevel gear, 웜기어worm gear, 풀리pulley, 도르래, 힌지hinge, 경첩 등은 날개 전체의 무게와 힘을 충분히 받아낼 수 있는가에 대한 의견이다.

이런 제어를 통해 얻는 것이 무엇일까? 그것은 자유도degrees of freedom다. 자유도란 '어떤 물체의 운동을 설명하기 위해 필요한 변수의 개수'다.[5] X, Y, Z 세 축을 따라 움직일 수 있는 물체는 6의 자유도를 가진다. 한 축을 따라 +, - 방향으로 움직일 수 있기 때문이다. 기계공학에서는 부품의 개수에 따라 자유도가 무한정 늘어나기도 한다. 자유도가 크다는 것은 기계가 부드럽고 무리 없이 움직일 수 있는 범위가 크다는 것이다. 정밀제어를 통해 최대의 자유도를 얻고 있는 최우람의 작품/기계는 결국 제어의 예술이라고 할 수 있다. 그렇다면 실제 공장이나 발전소, 항공기에는 훨씬 정밀한 제어가 쓰이는데, 그것들이 더 훌륭한 제어의 예술 아닌가? 여기서 앞서 말 한 전시용 기계와 비전시용 기계의 구분이 다시 등장한다. 최우람의 작품/기계들의 궁극적인 목적은 전시다. 자동차나 냉장고 같은 현실 속의 전시용 기계는 아무리 겉치레가 강하다고 해도 실제의 기능이 중요한 반면, 최우람의 작품/기계에서는 스테핑 모터와 온갖 제어의 메커니즘을 써서 만들어내는 움직임은 그 자체로 철저히 전시용이다. 그리고 전시용 목적에는 작가가 부과한 암시적 메시지들이 있다. <작은 방주>에서 '방주ark'의 의미, 방주에 얹힌 등대와 천사의 의미, <원탁>을 받치고 있는 비닐 짚으로 된 허수아비의 상징성

5 출저 위키백과.

technicians, and here are some of the notes from that conversation:

- Motor A and Motor B should be sufficient to drive the wings.
- These motors can provide up to 1.9 times more torque than the maximum torque required to drive the wings.
- The analysis does not take joint friction or air resistance into account, but those factors should be negligible compared to the motor output.
- (results for reference) Required torque for Motor A is 6.23 N·m, 3.33 N·m @100RPM, or greater.
- The maximum driving torque of Hinge A_WJ is 71 N·m, and the driving torque at the maximum speed (5RPM) is 54 N·m.
- Calculated by applying the worm gear reduction ratio (20:1) and efficiency (dynamic: 0.81, static: 0.57) (joint friction and air resistance are not accounted for).
- (results for reference) Required torque for Motor B: 4.25 N·m, 2.96 N·m @31.25RPM, or greater.
- The maximum driving torque of Hinge B is 23 N·m, and the driving torque at the maximum speed (5RPM) is 16 N·m.
- Calculated by applying bevel gear efficiency (0.96) and timing belt/pulley efficiency (0.95) (joint friction, air resistance are not accounted for).

To translate this complex story, the artist and his colleagues decided that two motors (A, B) could provide adequate force to move each oar (or wing). They then analyzed whether the individual parts (e.g., bevel gear, worm gear, pulley, and hinge) could withstand the weight and force of the entire wing.

What does Choe gain from this control? Degrees of freedom. Here, the degrees of freedom are the number of variables needed

5 From Wikipedia.

등이 다 암시적 메시지의 의미들이다. 메커니즘은 닫혀 있는 반면 의미는 열려있다. 즉 메커니즘의 의미는 확정적인 반면 암시적 메시지가 가지는 의미는 무한히 증폭, 변형 가능하다는 것이다. 그것이 제어의 정밀도와는 다른 차원에 존재하는 전시용 기계의 특징이다.

아마도 최우람의 작업 전체를 관통하고 있는 것은 닫힌 메커니즘과 열린 의미 사이의 조용하고 역동적인 긴장일 것이다. 그 긴장의 구체적인 사례가 소음이다. 최우람의 작품/기계에는 움직이는 부분이 아주 많기 때문에 소음도 많이 난다. 기계에서 소음이 나는 경우는 지나치게 작동하고 있거나(엔진 회전수가 너무 올라가는 경우), 마모되거나 고장났을 경우다. 소음은 진동과 같이 오며, 진동은 기계를 망가트린다. 사람이 타는 기계라면 소음과 진동은 사람에게 불쾌감을 줄 뿐 아니라 작동오류나 고장의 원인 혹은 결과가 된다. 최우람은 자신의 작품/기계가 생명체처럼 부드럽고 자연스러운 움직임을 만들어내기를 바라는데 모터와 힌지에서 소음이 나면 그것들이 얼기설기 짜맞춘 기계라는 사실이 탄로나고 만다. 나중에 탄로날 땐 나더라도 처음부터 소음을 노출시킬 필요는 없다. 그래서 최우람은 전세계의 모터 시장을 다 뒤져서 소음이 없는 모터를 찾고, 그리스grease 같은 윤활제 없이도 원활하게 작동하는 힌지를 찾아서 썼다. 그리고 스테핑 모터는 고해상도로 작동시켜 원활한 회전을 하도록 했다. 그 결과 최우람의 거대하고 복잡한 작품/기계는 소음 없이 작동한다. <작은 방주>에서 70개의 스테핑 모터로 구동되는 노들이 다양한 리듬과 궤적으로 움직이는 모습은 언캐니하기까지 하다. 키네틱 아트의 원조라고 할 수 있는 장 팅겔리Jean Tinguely의 기계들이 삐걱대는 소리를 내며 작동하는 것과는 대조적으로 최우람의 기계들은 소리를 내지 않는다. 팅겔리의 기계와 최우람의 기계는 존재론적으로도 다른 위상을 가진다. 팅겔리에게서 소음도 전시의 일부라면

to explain the motion of an object.[5] An object that can move along three axes (X, Y, and Z) has six degrees of freedom, since the object can move in two directions (+ and -) along each axis. In mechanical engineering, the degrees of freedom increase indefinitely depending on the number of parts, and more degrees of freedom allow for smoother movements and a larger range of motion. Through precise control, Choe U-Ram's work/machines maximize the degrees of freedom. As such, each one may be thought of as a masterpiece in the art of control.

Of course, some of the machines found in real factories, power plants, or aircraft offer even more precise control. Does that mean they are superior examples of the art of control? Here, we must again recall the distinction between display machines and non-display machines. The ultimate purpose of Choe U-Ram's work/machines is display. With most display machines in the real world, such as automobiles and appliances, the actual function is still critical, no matter how impressive their appearance may be. But with the work/machines of Choe U-Ram, the movement generated by a stepper motor and various control mechanisms is a display in and of itself. And for display purposes, the artist imposes some implicit messages. In *Little Ark*, for example, the motifs of an ark, an angel, and a lighthouse convey symbolic meaning, as do the plastic straw figures in *Round Table*. But while the meaning of such symbols is open, the mechanisms are closed. To put it another way, the mechanisms are deterministic, while the meaning of the implicit message can be infinitely amplified and transformed. This is a characteristic of display machines, which exist in a different dimension than the precision of control.

Perhaps the quiet and dynamic tension between closed mechanisms and open meanings is a defining trait permeating all

최우람에게서 소음은 전시되어서는 안되는 부분이다. 그것은 작동의 완결성을 전제로 하는 기계다. 반면 팅겔리의 기계는 곧 고장 날 것 같은 종말의 기계, 혹은 영화 <매드 맥스>에 나오는 듯한 스팀 펑크류의 기계다.

기계의 세대구분

최우람의 작품/기계는 갑자기 이 세상에 나온 것은 아니다. 그것은 기계의 역사에서 한 자리를 차지하고 있다. 근대의 초기부터 지금까지 사회의 근간을 이루는 것은 강철steel로 된 기계들이다. 자동차나 대형 선박은 물론 다리나 도로 같은 중요한 토목구조물의 뼈대, 책상다리 같은 소비재를 이루는 것은 강철이다. 항공기는 대부분 알루미늄으로 이루어져 있지만 착륙할 때 강한 충격을 받는 랜딩기어는 변함없이 강철로 돼 있다. 반도체가 산업의 쌀이라면 강철은 산업의 토대라고 할 수 있다. 기원전 10세기쯤의 철기시대부터 강철은 쓰였으나 본격적으로 산업화되어 대량으로 쓰이기 시작한 것은 18세기 초 영국에서부터였다. 결국 강철은 근대와 더불어 왔고 근대를 이끈 물질이다. 오늘날 알루미늄이나 티타늄 등 강철보다 가볍고 튼튼한 금속이 많지만 가공이 어렵고 가격이 비싸서 강철의 대체제가 되지 못하고 있다. 다리나 도로의 뼈대를 티타늄으로 만든다는 것은 있을 수 없는 일이다. 강철은 앞으로도 오랫동안 산업과 사회의 근간이 될 것이다.

그러나 강철을 제어하는 것은 디지털 기계들이다. 설계에서부터 시공, 사후관리에 이르는 전 과정을 위에서 내려다보듯 관장하며 지령을 내리는 것은 디지털 기계, 더 정확히 말하면 소프트웨어다. 요즘 대세를 이루는 기계의 형태는 강철 같은 하드한 물질과 소프트웨어가 결합해 있는 하이브리드다. 점점 더 달리는 스마트폰이 되가고 있는 오늘날의 자동차가 바로 그런 기계다. 최우람의 작품/기계가 바로 하이브리드 기계의 전형적인 사례다.

of Choe U-Ram's work/machines. One clear example of this tension is noise. Since Choe's work/machines have many moving parts, they inevitably make noise. With most machines, loud noise comes from excessive RPM (revolutions per minute) in the engine, indicating that the machine is malfunctioning or getting worn out. Noise comes from vibrations, and vibrations destroy machines. In addition to being detrimental to the machine's function, excessive noise and vibrations are also very unpleasant for human users, especially if they are riding in the machine.

Choe U-Ram wants the movement of his work/machines to be smooth and natural, like a living creature. But noisy motors and hinges are a sign of shoddy craftsmanship. Even if some noise is inevitable, it does not necessarily need to be conspicuous. Therefore, Choe scoured the global markets for noiseless motors and hinges that move smoothly without a lubricant (such as grease). He also insisted on stepper motors with a very high resolution, allowing for smoother rotation. As a result, Choe U-Ram's massive and complex work/machines operate in total silence. Driven by seventy separate stepper motors, the oars in *Little Ark* move with diverse rhythms and trajectories, yielding an uncanny effect.

Choe U-Ram's silent work/machines have a different ontological status than the machines of Jean Tinguely, one of the fathers of kinetic art, which made a distinct creaking sound. For Tinguely, noise was part of the display, while Choe goes out of his way to conceal noise. But whereas Tinguely specialized in apocalyptic, steampunk contraptions that seemed to be on the verge of breaking down, recalling the machines from the *Mad Max* films, Choe strives to create work/machines that embody a complete and perfect operation.

그것은 팔arm에서부터 기어, 풀리, 힌지 같은 다양한 금속부품들(강철은 거의 안 쓰이며 대부분 알루미늄이다)과 그것들을 제어하는 프로그램, 펄스신호, 센서 등의 모니터링 시스템으로 구성돼 있으며 금속부품들은 철저하게 모니터링 시스템에 의해 제어된다. 최우람의 작품/기계가 예술의 범주에 들어간다면 그런 하드웨어와 소프트웨어의 결합을 전시하고 있기 때문이다.[6]

금년으로 예술작품에 기계가 등장한지 100년이 조금 넘었다. 최초의 사례는 라울 하우스만Raoul Hausmann의 <기계머리: 시대정신 Mechanischer Kopf (Der Geist Unserer Zeit)>(1920)이 아닐까 싶다. 이 작품은 사람 머리 형상에 몇 개의 도르래와 줄자가 붙어 있는 단순한 형상이었고 작동도 하지 않는 것이므로 엄밀히 말해서 기계라고는 할 수 없다. 그러나 더 중요한 사실이 있었으니, 그때부터 몽타주라는 말이 예술에 쓰이기 시작했다는 것이다. 원래 조립하다 montieren란 뜻을 가진 독일어에서 나온 몽타주가 예술의 원리가 됐다는 말은 기계와 예술의 관계, 나아가 예술의 존재근거에 대한 근본적인 물음을 던지는 것이었다. 알타미라 동굴화에서부터 미켈란젤로의 조각을 거쳐 반 고흐의 회화에 이르기까지, 모든 위대한 예술작품은 심오한 창조성과 섬세한 손의 결합으로 만들어진다. 그 결합을 받치고 있는 근본원리는 유기적 통일성과 완결성이다. 즉 하나의 생명체가 뿌리에서부터 줄기, 잎, 꽃, 열매를 온전히 갖추고 있듯이 작품의 모든 요소들이 자연스러운 하나로 통합되어 있어야 한다는 것이다. 유기적 통일성은 예술작품의 원리일 뿐 아니라 근대

6 이 대목에서 엉터리 기계를 만들어 놓은 어떤 프랑스 작가가 생각난다. 예전에 광주 비엔날레에 갔더니 입구에 쇠판때기가 덩그러니 놓여 있었다. 뭐냐고 물으니 어떤 프랑스 작가가 밑에 모터를 달아 돌아가게 만든 작품인데 작동하는지 검증도 해보지 않고 프랑스로 돌아가 버렸다고 했다. 그 작가는 쇠판때기의 무게, 모터의 회전수와 토크 따위를 계산도 하지 않은 채 작동할 거라고 무책임하게 던져 놓고 가버린 거였다. 이런 물건은 기계도 아니고 예술도 아니다. 몇 년도였는지, 작가 이름은 뭐였는지 기억나지 않는 것이 한스러울 뿐이다.

Generations of Machines

Choe U-Ram's work/machines did not spontaneously burst into existence. On the contrary, they occupy a place in the history of machines, dating back to the beginning of the modern age. For many years, steel was the main component of machines, such as cars and massive ships, not to mention large structures like bridges and buildings, and household goods like tables and chairs. While the bodies of aircraft are often made from aluminum, the parts that require more strength, like the landing gear, are generally made from steel. In Korea, we say that semiconductors are the "rice of industry," but the real foundation of industry is steel. Although steel dates back to the Iron Age, starting around the tenth century BCE, it was not widely used or produced until the start of the Industrial Revolution in the early eighteenth century. As such, steel is often associated with the modern age, which could not have happened without steel. We have since discovered other metals that are lighter and stronger than steel, such as aluminum and titanium, but they are also more expensive and difficult to process. That is why it is inconceivable to manufacture the frame of a bridge or building from titanium. Steel is still the backbone of industry and society, and will remain so for many years to come.

However, steel is controlled by digital machines. The entire process of construction—from design to completion—is now controlled by digital machines (and their software), which oversee everything like a deity looking down from above and barking orders. Most of today's popular machines are hybrids of hard materials (like steel) and software. For example, today's cars are increasingly becoming like smartphones that we can drive. Choe's work/machines are another typical example of a hybrid machine. They are an amalgamation of metal parts, such as arms, gears, pulleys, and

이전의 사회와 세계의 원리이기도 했다. 잘라 맞춘 부품들로 조립된 근대의 파편화된 기계들이 세상을 가득 채우기 전의 세상은 모든 것이 물 흐르듯 어울려 있는 조화의 세계였다(고 믿는다).[7] 이런 세상에서 예술은 조립되는 것이 아니라 마스터의 손에서 창조되는 것이었다. 이미지건 물건이건 마구 잘라 맞추는 몽타주는 유기적 통일성의 예술을 그 뿌리에서부터 부정하는 것이었다. 그런데 예술이란 놈이 의외로 명이 길어서 자꾸 부정해도 죽지 않고 살아남아 오늘날에 이르게 된 것이다. 헤겔에서부터 아서 단토를 거쳐 보드리야르에 이르는 철학자들이 계속해서 예술종말론을 외쳤으나 살아남을 정도로 예술은 명이 길다. 어쨌든 하우스만뿐 아니라 프란시스 피카비아, 마르셀 뒤샹 같은 아방가르드 활동가들이 다 기계를 작품의 요소로 썼다. 거기에는 기계에 대한 찬미도 있었으나 더 중요한 것은 전통적인 예술관의 부정으로서 기계가 동원됐다는 점이다.

온갖 박해에도 불구하고 살아남은 예술은 마침내 자신과 존재론적으로 대립관계에 있던 기계를 자신의 한 요소로 품게 된다. 20세기 중반이 지나면서 기계는 더 이상 부정할 수 없는 삶과 사회의 요소가 되어버렸고 서양이건 동양이건 모든 사람들의 생활감정을 이루는 토대이자 요소가 되어버렸기 때문에 예술이 기계를 품는 것은 너무나 당연한 현상이 되어버렸다. 뉴욕 현대미술관MoMA에서 1936년에 «기계예술Machine Art»이란 전시를 한 것, 르 코르뷔지에와 레이먼드 로위가 1935년과 1937년에 각각 『항공기』와 『기관차』라는 책을 같은 출판사에서 낸 것은 모두 우연의 일치가 아닌 것 같다.[8] 사람들은 기계미에 흠뻑 도취되버려

7 루카치 같은 문예이론가는 좌파임에도 유기적 통일성이 존재했던 괴테 시대의 예술을 사회주의 리얼리즘 예술이 지향해야 할 고향 같은 것으로 삼았다. 그는 당연히 근대의 파편적 아방가르드 예술에 대해 비판적이었다. 발터 벤야민은 루카치와 대립되는 위치에서 근대의 파편성에서 새로운 계시가 나타날 것으로 보아 아방가르드를 옹호했다.

hinges (usually made from aluminum, rather than steel) that are totally controlled by software, which serves as the monitoring system. It is only through this combination of hardware and software that these work/machines can enter the realm of art.[6]

Machines have now been appearing in artworks for more than a century, dating back to Raoul Hausmann's *Mechanischer Kopf: Der Geist Unserer Zeit* ("Mechanical Head: The Spirit of Our Times," 1920). Strictly speaking, Hausmann's work, which consisted of a fake human head with attached pulleys and tape measures, was not really a machine, since it did not operate in any way. But around the same time, the art world discovered the concept of "montage," a term that derives from the German word "*montieren*," meaning "to assemble." "Montage" quickly became a key principle that raised fundamental questions about the very nature of art, as well as the relationship between art and machines. Every great work of art—from the cave paintings of Altamira to Michelangelo's sculptures to Van Gogh's paintings—represents the concurrence of profound creativity and dexterous craftsmanship, elements that must show organic unity and completeness. Just as a plant is fully equipped with roots, stem, leaves, flowers, and fruits, each individual part of a classic artwork must be naturally integrated into the whole. This organic unity was the basic principle not only of art, but of the entire pre-modern world and society. Prior to the rise of montage and fragmented machines assembled

6 I'm reminded of an absurd "machine" that I once saw at the Gwangju Biennale. Near the entrance, there was a mysterious pile of iron plates. When I asked about it, I was told that it was the work of a French artist, who had quickly installed a motor beneath the plates, but had then returned to France without checking to see if the motor would function properly. The artist had simply thrown the piece together without calculating basic factors, like the weight of the metal plates, the rotation speed, or the torque. The result was neither machine nor art.

전시와 책을 만들지 않고는 못베길 지경이 된 것이다. 그리하여 키네틱 아트(kinetic art, 움직임의 예술)라는 장르마저 생기게 되고 장 팅겔리같이 제법 작동하는 기계를 만든 예술가가 나타난다. 스위스 바젤에 있는 뮤지엄 팅겔리에는 오늘도 그의 작품/기계들이 삐걱거리는 소리를 내며 돌아간다. 1991년 그가 세상을 떴을 때 그의 장례는 국장으로 치러졌는데 그가 만든 작품/기계가 연기를 뿜으며 장례행렬을 이끄는 모습은 기계예술의 완성 같기도 하고 아날로그의 시대를 마무리하고 디지털의 시대로 넘어가는 전환의 장면 같기도 하다.

그리고 21세기 들어 최우람이 나타났다. 그의 하이브리드 작품/기계들은 21세기 산업생태계의 일부다. 거기 들어가는 모든 부품들은 시장에서 파는 것들이다. 대기업이라면 시장에서 안 파는 것이라도 특별히 소량으로 제작할 수 있으나 중소기업 수준의 최우람의 스튜디오는 이미 상품화돼있는 것만 쓸 수 있다. 비용도 그렇고 검증이라는 면에서도 그렇다. 스테핑 모터와 드라이버를 시장에서 팔지 않았다면 최우람은 작품/기계를 만들 수 없었을 것이다. 그렇다면 그는 그 생태계에서 어떤 자리niche를 차지하고 있는 것일까? 여기서 기계의 세대구분이 등장한다. 로봇에서부터 전투기와 탱크에 이르기까지, 기계에는 세대구분이 있다.[9] 로봇을 예로 들면, 1세대는 산업용 로봇들이다.

8 Le Corbusier, *Aircraft: The New Vision,* (London and New York: The Studio Publications, 1935); Raymond Lowey, *Locomotive: the New Vision,* (London and New York: The Studio Publications, 1937).

9 군사무기의 경우 세대구분이 중요한데, 낡은 세대는 새로운 세대를 이길 수 없기 때문이다. 예를 들어 1세대의 전투기는 2차 세계대전 말에 등장한 터보제트엔진을 장착한 아음속, 즉 소리의 속도보다 느린 전투기를 말한다. 2세대는 초음속으로 날 수 있으며 공대공 미사일을 장착한 1960년대의 전투기, 3세대는 대한민국 공군이 아직도 운용하고 있는 F4 팬텀같이 다목적 레이더를 갖춘 것들, 4세대는 대한민국 공군의 주력 전투기로 쓰이고 있는 F16 같이 디지털화된 것, 5세대는 F22나 F35같은 스텔스 전투기를 말한다. 전차에도 세대구분이 있어서 대한민국 육군의 주력전차인 K2 흑표를 3.5세대라고 부른다. (4세대 전차는 완전히 C4I체계로 통합되고 능동방어장치를 갖추고 원격화가 가능한 것을 말한다.)

from mix-and-match parts, everything was (supposedly) believed to flow in perfect harmony.[7] In that world, art was not assembled, but created by the hands of a master. The act of cutting and assembling images or objects was thought to severe the art of organic unity from its roots. But despite the assertions of philosophers from Hegel to Baudrillard to Arthur Danto, all of whom proclaimed the end of art, art has proven to be surprisingly long-lived, surviving to the present day. In addition to Hausmann, artists such as Francis Picabia and Marcel Duchamp also used machines in their works. These leading figures of the avant-garde not only admired machines, but viewed them as a way to negate traditional notions of art.

Having survived years of constant persecution, art has finally embraced the machine, long thought to be its ontological antagonist. Since the mid-twentieth century, machines have become ubiquitous elements of contemporary life and society in both the East and West, as well as the foundation of people's lives and emotions. Thus, it is only natural that art would embrace machines. This courtship can be traced to the mid-1930s, which saw the exhibition *Machine Art* (1936) at the Museum of Modern Art (MoMA) in New York and the publication of Le Corbusier's *Aircraft* (1935) and Raymond Lowey's *Locomotive* (1937) by the same publisher.[8] The coincidence of these events would seem to demonstrate that people of the time were becoming fascinated by the beauty of machines. The next stage saw the

7 Literary theorist Georg Lukács, who denounced the fragmentary avant-garde art of the modern era, claimed that the social realists should seek to return to the "hometown" of organic unity that characterized the art of the Goethe era. In opposition, Walter Benjamin defended the avant-garde and found new revelations from the fragmentation of modernity.

8 Le Corbusier, *Aircraft: The New Vision,* (London and New York: The Studio Publications, 1935); Raymond Lowey, *Locomotive: The New Vision,* (London and New York: The Studio Publications, 1937).

자동 제어장치와 연결되어 특정한 동작을 하는 로봇들이다. 자동차에 페인트칠하는 로봇이 대표적인 사례다. 2세대는 다양한 센서, 즉 감각기관을 갖추고 있어 1세대에 비해 훨씬 민감하게 작동한다. 그리고 피드백 루프 속에 존재한다. 1세대의 도장용 로봇이 칠해야 할 차체가 도착도 안했는데 무조건 기계적으로 허공에 대고 페인트를 뿜는다면 2세대 로봇은 센서가 지금 앞에 차체가 있는지 감지하여 페인트를 뿜어준다. 그 결과는 모니터링되어 다시 제어부로 신호를 전해주고, 제어부는 계속 페인트를 칠할지 그만둘지 결정한다. 3세대 로봇은 전혀 다른 수준의 작업을 한다. 센서가 감지해낸 결과를 스스로 판독하여 불량품을 골라내고 도면을 판독하여 재료를 어떻게 자르라는 명령을 내린다. 최우람의 작품/기계는 1세대와 2세대의 중간이라고 할 수 있다. 움직이는 부분에는 엔코더로 불리는 센서가 있어서 각 부분이 어느 위치에 와 있는지 감지한다. 즉 <작은 방주>에서 날개를 움직이는 팔의 각도가 어떻게 돼있는지 엔코더가 감지하면 모터는 엔코더가 전해주는 수치만큼 움직여서 원하는 동작을 해낸다. 하지만 완전한 2세대라고 하기에는 피드백 루프가 단순하다. 즉 엔코더에서 감지한 수치에 따라 동작을 다양하게 바꾸지는 못한다. 최우람의 작품/기계가 앞으로 몇 세대까지 발전할지는 두고 볼 일이다.

태양의 심장 The Heart of the Sun

이 글에서는 최우람의 작품/기계가 전하는 메시지에 대해서는 거의 쓰지 않았다. 그 부분은 작가의 제작과 관람객의 감상이라는 두 가지 다른 평면이 만나서 이루어지는 하이브리드이고, 그 하이브리드는 무한히 증폭, 변조될 수 있는 가능성이 있기 때문에 뭐라고 판단하고 가늠하기 어렵다. 반면 이 글에서는 작품/기계의 메커니즘에 대해 주로 썼다. 메커니즘이야말로 기계의 핵심이며 가장 아름다운 부분 아닌가?

birth of kinetic art and the rise of artists like Tinguely, who created machines that adequately operated. In fact, some of his work/machines are still creaking and operating today at the Museum Tinguely in Basel, Switzerland. When Tinguely died in 1991, he was given a state funeral, including a procession led by some of his smoking work/machines. This event can now be seen as the culmination of machine art and the moment of transition from the analog era to the digital era.

The twenty-first century saw the emergence of Choe U-Ram, whose hybrid work/machines clearly inhabit the contemporary industrial ecosystem. All of their parts are acquired on the commercial market. While large corporations can commission special parts that are not available on the market, Choe U-Ram's studio has not yet reached that level. Therefore, for reasons related to both cost and quality control, he can only use commercial products. If the stepper motors and drivers were not market products, then Choe would never have been able to make his work/machines. So what niche does he occupy in this ecosystem? To answer this question, we must think about the different generations of machines.

Every type of machine, from robots to fighter planes to tanks, has evolved through

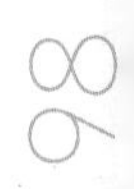

9 Generational divisions of machines are especially important in the military, where it is virtually impossible for an older generation of machines/weapons to defeat those of a newer generation. For example, the first-generation fighter planes that appeared near the end of World War I were subsonic (slower than the speed of sound), powered by a turbojet engine. Second-generation fighters of the 1960s were capable of supersonic speed and equipped with air-to-air missiles, followed by third-generation fighters with multi-purpose radar (such as the F4 Phantom, which is still flown by the ROK Air Force). Fourth-generation fighters like the F16 (the primary fighter plane of the ROK Air Force) are fully digitized, and we are now beginning to see fifth-generation stealth fighters, such as the F22 or F35. A similar generational hierarchy exists among tanks. The ROK Army currently uses the K2 Black Panther, a "3.5 generation" tank, which are now being superseded by fourth-generation tanks that are fully integrated into the C4I system, equipped with active defense systems, and capable of remote control.

메커니즘이 작동하지 않는다면 기계가 아니다. 그 작동을 위해 적절한 재료와 부품을 고르고 모든 볼트와 나사들은 적절한 토크로 조여주고 금속부품들은 적절하게 용접이 되고 컴퓨터의 프로그램들은 버그 없이 작동해야만 했다. 이런 여러 층위의 노력들과 물질들의 종합적인 오케스트레이션 자체가 예술이다. 기계 자체가 예술이라는 것은 앞서 말한 1936년의 «기계예술» 전시가 이미 보여준 것이다. 최우람의 작품/기계는 그런 사실을 86년이 지난 지금도 다시 일깨워 주고 있다.

successive generations.[9] For example, the first generation of robots were industrial robots, which were automatically controlled and programmed to perform very specific actions, like painting cars. Then, the second generation of robots were equipped with a variety of sensors (or sense organs), thus introducing the feedback loop and allowing for more sensitive operations. For example, while a first-generation robot would automatically spray paint even if the car had not yet arrived on the assembly line, a second-generation robot would only spray paint after it had detected the presence of a car. The operation was monitored and signals were sent to the control unit, which determined whether to start or stop painting. Third-generation robots operate at a completely different level, with precise sensors that can identify defective products, interpret specific details, and adjust their operation accordingly.

Choe U-Ram's work/machines operate somewhere in between the first and second generations. All of the moving parts have encoders that detect their movement and location. Thus, each individual wing in *Little Ark* is monitored by an encoder that detects the angle of the arm and then sends a signal to the motor for the appropriate movement. While this process is a feedback loop, it is probably too simple to qualify as second generation, since the arms still have a limited set of possible motions. It remains to be seen whether Choe U-Ram's work/machines will advance into new generations in the future.

The Heart of the Sun

This article barely touches upon the possible messages conveyed by Choe U-Ram's work/machines. Because such messages are also a type of hybrid, formed at the intersection of the artist's production and the audience's appreciation, they can be endlessly changed or amplified, making them very difficult to accurately assess. With that in mind, I have focused primarily on the mechanism of Choe's work/machines. But isn't the mechanism the heart of the machine, and the most beautiful part? After all, if the mechanism doesn't work, there is no machine. And in order for it to work, the most suitable materials and parts must be chosen, every bolt and screw must be tightened to the correct torque, each metal part must be firmly welded, and the software must be properly programmed with no bugs. The comprehensive orchestration of these myriad elements and materials is itself an art form. Since the *Machine Art* exhibition of 1936, we have known that machines could be works of art. Eighty-six years and several generations later, Choe U-Ram's work/machines continue to remind us of this fact.

방향 상실의 구원 서사: 최우람의 «작은 방주» 프로젝트

문혜진, 미술 비평가

1

«MMCA 현대차 시리즈 2022» 프로젝트의 계획안을 보고 처음 든 생각은 이 전시가 기존의 최우람 작업을 정리하는 것이기보다 현실적인 이유로 실현하지 못했던 잠재태들을 끌어내거나 모종의 변화를 추동하는 계기가 되리라는 것이다. 아마도 기존에 최우람의 작업을 본 적이 있는 관객은 «작은 방주»에서 친숙함보다 새로움을 느낄 확률이 높다. 물론 익숙한 형식의 작업들도 존재한다. <샤크라 램프>(2013), <알라 아우레우스 나티비타스>(2022)는 정교한 수공적 장식성에 우아한 움직임이 결합된 최우람 특유의 키네틱 조각이다. 생명 에너지를 상징하는 고리의 순환이나 설화 속 꿈 이야기를 전해주는 황금빛 날개는 "움직임이라는 요소를 가지고, 기계라는 것을 주제로 삼아, 기계가 생명을 가지게 되는 이야기"[1] 라는 예의 기계 생명체 작업을 대변한다. 하지만 전시의 주요 작업인 두 신작 <작은 방주>(2022)와 <원탁>(2022)은 유기체의 움직임을 본뜨거나 "있을 법한 생명체"[2]를 의도하던 기존작과 여러모로 거리가 멀다.

외관상 두 신작은 모두 키네틱 조각의 범주에 속하기는 한다. 어린 시절 가족과 친구들을 안전한 곳으로 피신시킬 수 있는 도피 로봇을 상상하던 작가의 꿈은 압도적인 기계 배 <작은 방주>로 실현된다. 70개의 노들이 자아내는 장대한 안무는 거대한 검독수리가 날개를 펴는 것 같기도 하고 무장한 전사들이 도열해 방패벽을 만들었다 진격하는 듯도 하다. 방주의 춤은 장엄하고도 우아하다. <원탁>에서 머리 없는 허수아비들은 앉았다 일어나며 테이블을 이리저리 움직인다. 원탁 위에는

1 최우람, 「최우람, 기계 생명체 탐험가」, 앨리스온 인터뷰, 2009년 1월. https://aliceon.tistory.com/960 (2022년 7월 15일 최종 접속).

2 '우리가 알고 있는 생명(life as we know it)'에서 '있을 법한 생명(life as it could be)'으로 생명의 개념을 확장한 크리스토퍼 랭턴(Christopher Langton)의 용어.

Salvation Narrative for Disorientation: *Little Ark* Project by Choe U-Ram

Mun Hye Jin, Art Critic

1

The first thought that came to my mind after seeing the plan for *MMCA Hyundai Motor Series 2022* was that the exhibition would be an opportunity for Choe U-Ram to draw out "The Virtual" that had not been realized due to certain practical reasons, or to drive certain changes in his works, rather than an opportunity for surveying Choe U-Ram's previous works. Perhaps the audiences who are familiar with Choe's works may feel a sense of newness rather than familiarity when visiting *Little Ark*. Of course, there are works with styles recognizable from previous works—works like *Cakra Lamp* (2013), and *Ala Aureus Nativitas* (2022) demonstrate Choe's signature kinetic sculptures that combine elaborate handcrafted ornamentality with elegant movements. Circulation of the wheel symbolizing life energy or the gold wings delivering stories of dreams in tales represent the signature above-mentioned works of anima-machines, which were based on "a story where machines gain life, with the element that is movement, and with the theme that is machine."[1] However, the two new works *Little Ark* (2022) and *Round Table* (2022), the main pieces in the *MMCA Hyundai Motor Series 2022* exhibition, are in many respects far from Choe's previous emulations of organism movements or an intention to create "life as it could be."[2]

From their appearance, these new works belong to the category of kinetic sculptures. The artist's dream in his childhood where he imagined an "escape robot" that can provide safe refuge for his family and friends is

1 Choe U-Ram, "Choe U-Ram, Explorer of Anima-Machine," Interview, Aliceon, published January 2009, accessed July 15, 2022, https://aliceon.tistory.com/960.

2 A term coined by Christopher Langton, who expanded the notion of "life as we know it" into "life as it could be."

머리를 상징하는 원형의 구가 그에 따라 끝없이 구른다. 하지만 이들 작업에서 작품의 외형이나 움직임의 방식은 기계 생명체 작업의 전형적 형식과 거리가 멀다. 우선 재료부터 새롭다. 주로 정교하게 세공된 금속판으로 구성된 기존 작업과 달리, <작은 방주>와 <원탁>에는 아르누보를 연상시키는 장식적인 금속 세공이 보이지 않는다. <작은 방주>에서 노를 움직이는 기계 팔은 화염문을 연상시키는 정교한 무늬들이 금속 부품에 적용된 여타의 작업과 대조적으로, 검정색의 단순한 프레임으로 구성되어 금속의 우미한 장식미가 억제되어 있다. 더욱이 노와 선장, 제임스 웹 망원경 등의 주요 구성 요소가 폐종이상자로 만들어졌기에 내부 프레임을 제외하면 전체적으로 금속성이 강조되어 있지 않다. <원탁>의 경우 이런 경향이 더욱 두드러져서 아예 장식적인 금속 부품이 눈에 띄지 않는다. 인공 짚으로 만들어진 허수아비를 비롯해 원탁을 제외하고는 금속이 주류가 아닐 뿐 아니라 유기적 장식성은 전무하다. 무엇보다 이 신작들에는 생명체의 모티프가 없다. 전선으로 만든 천사 <허수아비>(2012)나 비닐봉지가 떠 있는 건축물 <파빌리온>(2012)처럼 최우람의 전작 중 인공 생명체의 범주를 벗어난 작업들도 있었지만, 그럼에도 최우람 작업의 골자가 금속의 기계미와 유기체의 역동성을 결합한 기계생명체anima-machine라는 점은 분명했다. 하지만 <작은 방주>와 <원탁>은 기계는 기계이되 생명체와 무관하다. 규모나 운동의 방식에서 연관성을 찾을 수 있는 <오페르투스 루눌라 움브라>(2008)나 <오르비스>(2020)의 경우에도 기계의 모양이나 운동이 갈비뼈의 들썩임이나 절지동물의 다리 혹은 물고기 지느러미의 움직임과 직접적 유비가 있음을 떠올리면, <작은 방주>의 변화는 의미심장하다.

생물학적 비유는 그간 최우람 작업의 중심에 자리했다. 작업의 소재나 동작의 설계, 기계의

realized as an enormous machine ship, *Little Ark*. The grandiose choreography generated by 70 paddles looks as if a gigantic golden eagle is stretching its wings, or as though armed warriors were standing in formation to form a shield wall to proceed on in battle. The dance of the ark is at once magnificent and elegant. In *Round Table*, headless scarecrows repeat the motion of sitting down and standing up to tilt the table from one side to another. Following the movement, a sphere symbolizing a head incessantly rolls on the round table. However, in this piece, the appearance and movement patterns are far from the typical style found in the anima-machine series. To begin with, *Round Table* and *Little Ark* are made of new materials. Unlike Choe's previous works consisting mainly of intricately handcrafted metal plates, in these pieces, there are no decorative metal handiwork evocative of Art Nouveau. As opposed to Choe's other works that applied delicate patterns—evoking flame imagery—to metal parts, the machine arms that move the paddles in *Little Ark* consist of simple black frames where refined ornamentality of metal is restrained. Moreover, because the main compositional parts such as the paddles, the captains, and the James Webb telescope, are made of discarded cardboard, the metallic quality does not stand out, except for the internal frames. This tendency is made evident even more in *Round Table*, to the point where decorative metal parts are not noticeable. Except for the round table itself, metal is not a main material. In the case of the scarecrows made of artificial straw, there is no indication of organic ornamentality. Most of all, no motif of living organisms can be found in these new works. Most of Choe's previous works can be situated within the category of artificial life, with rare exceptions such as *Scarecrow* (2012)—an angel made of wires—or *Pavilion* (2012)—an architectural sculpture containing a floating plastic bag.

세부 구조 등이 유기체의 골격과 움직임에서 연원했고, 있을 법한 생명체를 지향하는 작업의 개념 또한 생명의 재현에 근거하고 있었다. 대신 새로이 들어선 것은 서사다. 좀 더 정확히 말하자면 구작의 방점이 기계적 움직임의 아름다움에 있었다면, 신작에서 장치의 움직임은 이야기를 위한 것이다. 두 신작은 모두 기술 발전에 투영된 인간의 욕망과 현시점에서 인류가 겪는 혼란한 상황에 대한 작가의 성찰을 반영한다. 무서운 속도로 전개되는 자동화와 끝을 모르고 치닫는 자본주의, 흑사병에 비유될 정도로 전세계를 마비시킨 코로나 19의 도래는 인류의 종말에 대한 깊은 우려를 낳았다. 우리는 어디로 가고 있는가? 어디로 가야 하는가? 이 전시는 이 근본적인 질문에 대한 고민의 결과다. 방주는 다가오는 위험을 피해 우리를 피신시킬 구원의 공간이지만 다른 한편 어디로 갈지 모르는 기술문명의 상징이기도 하다. 앞뒤로 같고 선장이 두 명인 이 배는 과연 어디로 향할 것인가? 방주를 구성하는 모든 요소는 이 방향 상실의 서사를 위해 정렬되어 있다. 규모는 거대하나 버려진 택배 상자로 누덕누덕 기워 만들어진 종이배는 위태롭기 그지없다. 선장들은 막대한 예산을 들인 최신식 우주망원경 제임스 웹의 인도를 받아 길을 찾고 있다.[3] 하지만 끝없이 알고자 하는 욕망의 허망함은 재활용 종이상자로 만들어진 재료의 허술함과 각기 반대 방향을 향하는 망원경의 정향으로 드러난다. 길을 인도하는 등대 역시 묘하게 역할이 전도되어 있다. 본디 배 밖에서 방향의 지침이 되어야 할 등대는 배 위에 있다. 더군다나 등대의 불빛은 위치를 알려주는 것이 아니라 마치 파놉티콘의

3 개발에만 약 12.7조원이 든 이 최신식 우주망원경은 고도 570km에서 지구 궤도를 공전하는 허블 망원경과 달리 지구에서 약 150만km 떨어진 우주상에서 허블의 약 2.7배의 직경으로 적외선을 관측해 기존에 알던 우주의 범위 너머의 더 멀고 오랜 빛을 관측할 수 있다. 이에 따라 빅뱅 직후의 초기 우주의 모습을 탐색할 수 있는 가능성이 열렸다. http://www.ekoreanews.co.kr/news/articleView.html?idxno=61804 (2022년 7월 15일 최종 접속).

Still, it was made obvious that the main point of Choe's work lies in the anima-machines which combines the metallic beauty of a machine and dynamism of an organism. Even though *Little Ark* and *Round Table* are machines, they are irrelevant to sentient life. *Opertus Lunula Umbra* (2008) or *Orbis* (2020), the works that share similarities with *Little Ark* in terms of scale and method of movement, still have machinic forms and motions based on direct analogy to the gestures of jiggling ribs, legs of arthropods, or movements of fish fins. Considering that, the change in *Little Ark* seems remarkable.

Biological metaphors have been positioned at the core of Choe's work—the subject matter of the pieces, the design of the movements, the internal structure of the machines are derived from the structures and movements of organisms, and the concept that work attempting to create "life as it could be" must also be based on the representation of life. What is new in this series is narrative. To be more specific, whereas the emphasis on Choe's older works was on the beauty of mechanical movements, in this series, movements of apparatuses are used for stories. Both of these new pieces reflect the artist considering the human desire projected onto the progress of technology and the chaotic situation that humankind is experiencing at the current moment: automation unfolding at horrific speeds, capitalism that escalates without limit, the advent of COVID-19 paralyzing the entire world to the point that it is likened to the Black Death, all of which caused a profound concern about the demise of humankind. Where are we heading to? Where should we head to? This exhibition is the outcome of the contemplation over these fundamental questions. The ark is a space of salvation that will provide a refuge for us escaping from imminent danger, but on

감시자처럼 어느 순간 우리를 주시하는 공중의 눈이 된다. 배 뒤에는 <무한 공간>(2022)이라는 이름의 유리창이 있다. 하지만 이를 들여다보았자 관객에게 보이는 것은 외부를 투과하지 않고 무한히 반사되는 거울의 내부뿐이다. 배의 정면에는 <출구>(2022)가 투사된다. 온갖 종류의 문이 끝없이 열리지만 열림이 보장하는 것은 없다. 이후나 너머 없이 그저 열림만 존재하는 문 앞에서 어디로 갈 것인가라는 고민은 끝나지 않는다. 한편 <원탁> 또한 나름의 방식으로 방향 상실의 이야기에 대응한다. 지상에서는 머리 없는 인간들이 머리를 차지하려 치열하게 원판을 기울인다. 그런데 이 우두머리 경쟁은 다시 보면 다른 길이 없는 자들의 무력한 몸짓이기도 하다. 원판과 바닥에 결박되어 원탁을 들어 올리는 노동을 끝없이 수행하는 허수아비들은 시스템에 복속되어 그 굴레를 벗어나지 못하는 동시대 범인범부의 초상이다. 이들의 몸짓은 체제를 강화하는 내부 공모인가, 체제의 억압에 대한 희생인가? 원탁 위를 맴도는 검은 새는 그저 무심히 누가 죽을지를 기다릴 뿐이다. 과거 생명을 동경해 생물을 모방한 유사 생명체의 창안에 주력하던 시선은 특정 개체의 범주를 벗어나 이제 기술 문명 전체의 향방에 대한 사회적이고 철학적인 숙고로 확장된다.

2

이제 전반적 조망에서 작업 내부로 눈을 돌려보자. 움직임에서 서사로 무게중심이 이동했다면 서사는 언제 어떻게 최우람의 작업으로 들어온 것인가. 이번 전시 이전에 이야기가 없었던 것은 아니다. 초창기부터 이야기는 기계생명체의 세계관을 만드는데 함께 했다. 일례로 초기작 중 하나인 <울티마 머드폭스>(2002)는 도심의 지하에 존재하는 전기에너지를 흡수하여 살아가는 지하의 미지 생명체에 대한 작업이다. 성체와 유생의 무기 생명체를 대변하는 작업들을 연결하는 것은

the other hand, it is a symbol for technological civilization that does not know where it is going. Where would this ship, that has the same front and back with two captains, head to? Every element that consists the ark is arranged for this narrative of disorientation. The paper ship is massive in scale yet is made of patches of discarded delivery boxes that seem to be in an immensely precarious situation. The captains are finding ways following the guidance of James Webb, the latest space telescope in which a massive budget is invested.[3] However, the futility of the desire to know without limit is manifested in the shabbiness of the recycled carboard materials, and the telescopes that point to the opposite side. The role of the lighthouse, which is supposed to guide the way, is also curiously reversed. The lighthouse that is supposed to be located outside the ship to serve as a guide for direction is placed on the ship. What is more, the light from the lighthouse is there not to tell the direction but somehow becomes the "eye in the sky" watching us as the overseer in the Panopticon. Glass windows called *Infinite Space* (2022) are placed behind the ship. However, what the audience gets to see is the infinitely self-reflected inner side of the mirror that does not transmit the images of the exterior. *Exit* (2022) is projected on the front wall of the ship. Numerous kinds of doors open constantly, but nothing is guaranteed by those openings.

3 This state-of-the-art space telescope, which cost about 10 billion dollars for the development process only, can observe more distant and older lights beyond the previously known scope of the universe. Unlike the Hubble Space Telescope which orbits the Earth at an altitude of 570km, the James Webb can detect infrared light from the universe, 1.5 million kilometers away from the Earth, having a larger primary mirror that is 2.7 times larger in diameter than the Hubble. This opened a possibility for investigating what the early universe looked like right after the Big Bang. Ekoreanews, accessed July 15, 2022, http://www.ekoreanews.co.kr/news/articleView.html?idxno=61804.

이야기다. 해당 기계생명체가 어떻게 출현했고 어떤 환경에서 살아가고 있는지에 대한 구체적인 설명은 허구의 대상을 있을 법한 존재로 믿게 만든다. '오페르투스 루눌라 움브라'는 달빛과 물, 관찰자의 환상이 결합되어 출현하기에 달빛이 환한 밤에 항구 도시 주변에서 종종 목격되고 과거에 침몰된 배와 기계들로 구성되어 있다. 이런 이야기가 초승달 모양의 작업의 외형, 금속 골조, '숨겨진 달 그림자'라는 뜻의 제목과 조응하면서 기계생명체는 현실감을 얻는다. 하지만 서사가 허구를 실재로 착색한다 한들, 이때까지 서사는 조각의 배경일 뿐 중심은 언제나 조각의 외관과 움직임에 있었다. 이후 <아보르 데우스>(2010)에 이르면 서사는 기계생명체에 실체감을 부여하는 보조 수단에서 작업의 주축으로 이행한다. 신이 인간에게 선사한 선물인 이 날개 달린 철의 나무는 여전히 오브제이기는 하나 그럴듯한 인공 생명체를 재현한다기보다 신화 일반의 세계관을 형상화한다. 살아있는 것 같은 유사 생물의 자연스러운 움직임이 아니라 기계문명과 인간의 욕망이라는 보다 근원적인 사유의 시각화에 초점이 있는 것이다. 그럼에도 이번 전시 이전에 서사의 구현은 단일한 오브제의 범위를 벗어나지 않았다. 성체와 유생처럼 여러 개의 오브제가 같은 이야기를 공유하는 경우도 있었지만, 각각의 조각들은 개별성과 독립성을 유지했다. 반면 <작은 방주>와 <원탁>에서 오브제는 별도로 존재하는 것이 아니라 서사를 완성하는 부품의 역할을 한다. 생존경쟁을 벌이는 원탁 밑의 허수아비들과 그 위를 맴도는 검은 새는 상호 작용하며 의미를 발생시키는 한 세트의 구성 요소다. 끝없이 열리는 문과 회전하는 등대의 서치라이트, 각기 다른 방향을 가리키는 선장은 한데 모이면서 서로를 보충해 기술 발전과 인류의 미래에 대한 총체적 서사극을 실현하는 무대 장치로 기능한다. 요소들이 기계부품처럼 조립되어 공간에서 종합되는 연출은 개별 오브제에 한정되던 작업의

Facing the doors that simply open without the notion of afterwards and beyond, the rumination over where to go does not end. Meanwhile, *Round Table*, too, responds to the story of disorientation in its own way. On the ground, headless humans vehemently tilt the round plate, trying to take the head. But then at a second examination, this competition to become the head of the group can be a helpless gesture of people who do not have any other way. The scarecrows who incessantly perform the labor of lifting the round table, being tied up to the round plate and the floor, are a portrait of the ordinary people of the current days who are subjugated to the system and are unable to break free of such chains. Are their bodily gestures the internal complicity that reinforces the system, or the sacrifice from the oppression of the system? The black birds that hover above the round table nonchalantly wait for the ones that will die. The artist's gaze in the past, admiring life and focusing on the creation of the pseudo-life emulating living creatures, now moves past the categories of a specific entity and is expanded into the social and philosophical deliberation about the course of the whole technological civilizations.

2

Let us turn our gaze from the overview to the internal aspects of the work. If narrative came to weigh more than movements in Choe's work, when and how did that happen? Stories, for sure, have been a part of Choe's work before this exhibition. From Choe's early works, stories have been a part of creating the worldview of anima-machines. An example is *Ultima Mudfox* (2002), one of Choe's earliest works, a work about unknown subterranean life that lives on by absorbing the electricity in the urban underground. Story is what connects the works that represent inorganic lives of adult and larval organisms. Concrete explanations

형식적 확장이다. 서사는 형식과 내용 양면에서 작업의 변화를 추동하는 동력이다.

한편 기존작에서 작업의 핵심이던 장치의 운동에 대해서도 좀 더 생각해볼 필요가 있다. 서사가 대두되긴 했으나 그렇다고 <작은 방주>에서 기계의 움직임이 중요하지 않은 것은 아니다. 일차적으로 35쌍의 노를 움직이는 <작은 방주>의 기계 팔에 공학적 개선이 가해졌다. <아보르 데우스 펜나투스>(2011) 같은 구작에서는 두 날개의 움직임이 모터 하나로 제어되었다. 모터에 연결된 기어가 인접 기어들을 회전시키고 이것이 기어에 연결된 두 개의 회전축으로 전달되어 대칭적 움직임이 구현된다. 반면 <작은 방주>의 기계팔에는 모터가 두 개씩 들어간다. 하나의 모터는 팔 전체를 움직이는 기능을 맡고, 다른 모터는 노를 들어 올리는 각도를 조정한다. 그 결과 작동할 수 있는 범위가 넓어져 움직임의 자유도가 향상되었고 훨씬 역동적인 안무가 가능해졌다. 검은 깃털이 공중에서 춤을 추는 듯도 하고 흑거미의 다리가 펼쳐지는 같기도 한 스펙터클한 노의 움직임은 달라진 모터의 배치 방식이 가동 범위를 바꾸고 이것이 곧 동작의 아름다움으로 이어지는 기능주의 미학이다. 동물의 생체 구성 원리를 응용해 최소한의 장치로 최대한의 자연스러움을 추구하던 기계생명체의 작동 원리는 신작에서도 계승된다.[4] 기능성이 곧 아름다움인 기계 미학은 장치의 움직임뿐 아니라 기계의 세부 구조에도 적용된다. 이는 이번 전시에서 처음 선보이는 드로잉 작업에서 두드러진다. <작은 방주> 외에 <하나>(2020)와 <빨강>(2021)의 설계도면을 원본으로 한 검정과 빨강의 단색조 드로잉들은 효율성과 아름다움이 일치하는 기계의 구조적 미와 대칭과 반복의 리듬이 자아내는 조형적 미를 함께 보여준다.

4 기계생명체의 기능주의 미학에 대해서는 다음을 참조. 문혜진, 「확장된 자동기계의 꿈: 최우람의 기계생명체」, 『월간미술』 (2013년 12월), 118-125쪽.

on the origin story and the living condition of the anima-machines make audiences believe that the fictional object is "life as it could be." For instance, because "Opertus Lunula Umbra" appears as a combination of moonlight, water, and the illusion created by the observer, it is often witnessed around port cities in the bright moonlit nights, and it consists of shrunken ships in the past as well as machines. As this story corresponds with a set of elements: the shape of a crescent moon, the metal frame, and the title of the work that means "hidden shadow of the moon"—anima-machines achieve a sense of reality. However, even though the narrative could paint fiction to appear as reality, the narrative up until this point was still the backdrop of the piece, and the emphasis had always been on the appearance and movements of the sculptures. Later, in *Arbor Deus* (2010), the narrative switches from a supplemental means that gives a sense of reality to anima-machines, to the core axis of the work. The winged steel tree, gifted from God to humans, is still an object. Nevertheless, it gives form to the worldview of the general myth, rather than representing likely artificial life—the focus is on the visualization of more rudimentary thoughts on mechanical civilization and human desire, not natural movements of the pseudo-life that seems to be alive. Even so, the narrative in Choe's work has been realized within the category of unitary object before the exhibition *Little Ark*. While multiple objects share same stories like adult organism and larva, each sculpture maintains their own individuality and independence. On the other hand, in *Little Ark* and *Round Table*, objects do not exist as standalone pieces but fulfill their roles as a part that completes the narrative. The scarecrows in a survival competition under the round table and the crows hovering over them are a single set of components that interact with each other and generate meanings. The doors that open

장치의 움직임이 기계 미학을 계승하고 발전시키는 방향으로 나아갔다면, 새로운 키네틱 조각을 바라보는 작가의 입장에는 변화가 있을까? 기계와 인간의 관계는 서사의 대두보다 더 근본적인 태도의 변화를 보여주기에 주목해야 하는 지점이다. 과거 최우람은 기계생명체의 창시자였다. 기계에 자연스러운 움직임을 부여해 살아있는 듯한 착시를 일으키는 것은 피조물에 숨을 불어넣는 행위와도 같다. 프랑켄슈타인이나 골렘 등의 전설적 존재뿐 아니라 혼자 글을 쓰는 18세기 자동인형이나 오늘날의 로봇 등 생물을 모방해 스스로 움직이는 모든 기계는 결국 신의 영역인 생명 창조의 특권을 넘보는 존재론적 야망에서 출현한다. 오늘날 어디에나 만연한 기계를 보면서 스스로 복제하고 진화하는 그들만의 세계가 있지 않을까하는 상상에서 출발한 최우람의 기계생명체도 자동인형의 꿈과 무관하지 않다. 무엇보다 구현된 기계생명체와 작가인 최우람의 관계가 그러하다. 기존의 키네틱 조각에서 최우람의 관심은 상상 속의 유사 생명체를 최대한 생생하게 눈앞에 구현하고 싶은 피그말리온적 욕망에 가까웠다. 그렇기에 작업이 실제로 살아있는 듯한 환영을 야기하기 위해 정교한 움직임이 가장 중요했다. 기계에 대한 순수한 매혹이라고도 할 수 있는 이런 관점은 원하는 수준의 핍진성을 획득하기 위해 가능한 매끄럽고 완벽한 동작의 구현을 추구했다. 반면 <작은 방주>에서 작가는 불규칙성을 도입한다. 35쌍의 노가 천천히 숨을 쉬며 비상하면서 군무는 성대한 장관을 이루지만, 예기치 않게도 어느 순간 그 완전함은 무너진다. 마치 태풍에 부러진 것처럼 하나둘씩 제어되지 않으며 오작동하는 노는 표면적으로 인간의 손을 벗어난 기술의 질주를 뜻하지만 그 밑에는 자동기계에 대한 작가의 태도 변화가 자리한다. 이제 작가는 위에서 모든 것을 관장하며 통제하는 창조자가 아니라 어디로 향할지 모르는 인간과 기계의 여정을 옆에서 관찰하거나 방주에 같이 탑승해

up infinitely and the rotating searchlight of the lighthouse complement the captains pointing to disparate directions, ultimately functioning as sets of a stage that realize the total epic theater of technological development and the future of humankind. The staging—in which the elements are assembled as if they were parts of the machine and integrated in space—expands the formal aspects of the previous works that were solely bound to individual objects. Narrative is what drives the changes in Choe's work, in both aspects of form and content.

Besides, some more considerations are needed for the movement of devices that was the core of Choe's previous works. Although the narrative is made to stand out, the mechanic movement in *Little Ark* is still significant. Technological improvement has been made to the mechanical arms of Little Ark that move 35 pairs of paddles. In Choe's previous works such as *Arbor Deus Pennatus* (2011), the movements of the two wings are controlled by a single motor. The gear connected to the motor spins the neighboring gears and these movements are delivered to the two rotation axes connected to the gear to realize the symmetrical movements. In contrast, the machine arms in *Little Ark* have two motors: one motor moves the whole arms, and the other motor adjusts the angle where the paddles are lifted. As a result, the range of motion is broadened and leads to an improvement in the flexibility of motions, making a more dynamic choreography possible. The spectacle movements of the paddles seem at once like black feathers dancing in the air, or the stretching legs of black widow spiders; it is the aesthetic functionalism where the difference made in the arrangement of the motors changes the range of motion, which leads to the beauty of the movements. The principle of operation of the anima-machines that sought the most effortless movements through the least number

혼돈의 항해를 함께 하는 동반자다. 기계의 창조가 아니라 기술의 미래를 바라보며, 작가는 완전한 제어를 내려놓고 우연과 불규칙을 포용한다. 이제 그는 기술의 불완전함과 인간의 나약함을 인정하고 자신이 만든 기계와 이를 바라보는 우리 옆에 나란히 앉는다.

3

최우람의 시선이 기계에서 그 기저의 인간까지 아우르게 되면서 혹자는 작가의 흥미가 기계에서 인간으로 옮겨간 것인가라는 생각이 들 수 있다. 실상 인간 형상이 이렇게 전면적으로 쓰인 적도 거의 없었으니 있음직한 질문이다. <원탁>의 허수아비나 <작은 방주>의 선장, <사인>(2022)의 도안 등 물리적으로도 인간 형태가 종종 등장하고, 인간의 욕망이나 기술문명, 역사라는 주제 면에서도 무게중심은 기계보다 인간 쪽으로 기울어 보인다. 이런 인상이 틀린 것은 아니지만, 정확히 하자면 여기서 인간은 기계와 구분되는 대립항이라기보다 기계와 불가분의 관계에 있는 존재라고 보아야 한다. 최우람이 바라보는 것은 기계와 함께 갈 수밖에 없는 인간-기계 연합체다. 이런 생각은 포스트휴머니즘의 인간관을 떠올리게 한다. 기술에 의한 인간의 진보를 추구하는 트랜스휴머니즘의 기저에는 계몽주의 휴머니즘의 이원론이 전제되어 있다. 물질세계와 비물질적 주체를 구분하고 보다 나은 것the good을 모색하는 트랜스휴머니즘은 자연의 영역을 빼앗아 인간의 기획에 통합시켜 인간의 개선을 추구하는 기독교적인 세계관에 기반한다. 반면 포스트휴머니즘에서 인간은 기술과 구별되지 않는다. 최초의 도구 사용부터 현재까지 기술 없는 휴머니티는 존재하지 않으며, 그런 점에서 인간의 구성constitution은 기술적 구성이다.[5] 최우람이 서구철학의 형이상학적 전제를 염두에 두고 작업한 것은 아니지만, 포스트휴머니즘 개념은 비단 인간과 기술의 관계뿐 아니라 작가가 바라보는 구원의 서사를

of devices are inherited in the new works.[4] Machine aesthetics where functionality means beauty apply not only to the movements of the apparatuses but to the detailed structures of the machines. This point stands out in the drawings presented for the first time in this exhibition. Monochrome drawings of black and red—originated from the blueprints for *One* (2020) and *Red* (2021) in addition to *Little Ark*—show at once the structural beauty of the machine where efficiency and aesthetic correspond, and formal aesthetics of art generated by the rhythm of symmetry and repetition.

Provided that the movements of the apparatuses inherit and enrich the machine aesthetics, has there been a change in the artist's perspective towards these new kinetic sculptures? The relationship between machine and human needs attention because it shows a more fundamental change of attitude than the emergence of narrative. In the past, Choe U-Ram was the creator of the anima-machines. Making machines do nature-like movements and creating illusions as though they were alive is like breathing life into creatures. Not just legendary figures such as Frankenstein or Golem but the 18th century self-operating writing machine automata or present day robots, all the machines that imitate live creatures and self-operate emerge from the ontological ambition that encroaches on the privilege of the creation of life that is the realm of God. Choe U-Ram's anima-machines began with an imagination about the world of machines where machines self-reproduce and evolve while seeing machines that are prevalent today. This is not irrelevant to the dream of automata. Most

4 For further discussion on aesthetic functionalism of anima-machines, see Mun Hye Jin, "Dream of the Extended Automata: Choe U-Ram's Mechanical Life Forms," *Monthly Art*, December 2013, 118-125.

해석하는데도 유용하다. 성서 속 노아의 방주의 구원 개념과 <작은 방주>의 구원 개념을 비교해보면 차이가 드러난다. 노아의 방주의 서사는 하느님이 노아를 기억하셨다는 말을 중심으로 대칭적으로 구성되어 있다. 전반부에는 홍수로 인한 5단계의 심판 과정이 있고, 후반부에는 5단계의 과정으로 홍수가 마감되는 구원의 내용이 있다. 홍수 설화에서 구원의 말씀과 심판의 말씀은 번갈아 교차된다.[6] 노아의 선함으로 인해 구원이 약속되고, 이후 인간의 타락 때문에 심판이 예고되며, 그 파국에 대비하기 위한 방주를 제작하라는 구원의 말씀이 내려진다. 이어서 40일 간의 홍수의 심판이 진행되고, 마지막에 배에서 나오라는 하느님의 명령과 새로운 세계를 여는 노아의 제사라는 구원의 절차가 전개된다.[7] 이러한 서사는 두 가지 특징을 지닌다. 첫째는 죄에 대한 철저한 징벌이고 둘째는 그럼에도 처음부터 구원이 약속되어 있다는 것이다. 홍수라는 대재난은 인간과 짐승에게만 해당되는 것이 아니라 성서적 세계상에서는 전 세계 구조의 붕괴다. 본디 창공의 위아래에 있던 물이 하나로 합쳐지며 태초의 혼돈 상태가 다시 돌아오는 것이다.[8] 하지만 모든 것을 쓸어버리는 철저한

5 토머스 필벡, 「포스트휴먼 자아: 혼합체로의 도전」, 『인간과 포스트휴머니즘』, 이화인문과학원 편 (이화여자대학교출판부, 2013), 26-30쪽; 슈테판 헤어브레히터(김연순, 김응준 옮김), 『포스트휴머니즘』, (성균관대학교출판부, 2012), 33-37쪽.

6 1. 노아의 사적事績 (6:9-10) - 구원의 말씀, 2. 땅의 사악함 (6:11-13) - 심판의 말씀, 3. 방주 제작 및 규모 (6:14-16) - 구원의 말씀, 4. 홍수에 의한 심판 (6:17) - 심판의 말씀, 5. 하느님의 명령과 노아의 준행 (6:18-22) - 구원의 말씀. 박호용, 「심판과 구원」, 『설교자를 위한 성경 연구』 vol. 8, no. 7 (2002), 2-4쪽.

7 홍수 서사의 시간적 진행도 '하느님이 노아를 기억하심(P)'을 중심으로 양적 대칭을 이룬다. 이러한 교차대구(chiasmus)는 구약 성서에서 빈번히 나타난다. H. 홍수를 기다리는 7일 (4-5절), I. 홍수를 기다리는 7일 (7-10절), L. 40일 동안 홍수 (17a 절), O. 150일 동안 물이 넘침 (21-24절), P. 하느님이 노아를 기억하심 (창 8:1), O˝. 150일 후 물이 줄어듦 (3절), L˝. 40일이 지남 (6a절), I˝. 물이 걷히기를 기다리는 7일 (10-11절), H˝. 물이 걷히기를 기다리는 7일 (12-13절). 고든 웬함(차준희 옮김), 『성경 전체를 여는 문, 창세기 1-11장 다시 읽기』 (한국기독학생회출판부, 2020), 87쪽.

of all, this vision is captured in the relationship between the anima-machines and the artist Choe U-Ram. In his previous kinetic sculptures, Choe's interests were closer to Pygmalion's desire to vividly realize imaginary pseudo-life in front of the eyes. That is why intricate movements causing the illusion of the works being alive are the most important. This point of view can be regarded as pure fascination with the machine, which led the artist to seek for the realization of the most smooth and perfect movements possible to achieve the desired extent of verisimilitude. Meanwhile in *Little Ark*, the artist adopts irregularities. As 35 pairs of paddles slowly breathe and rise up, their synchronized choreography makes a magnificent scene, yet this completeness collapses unexpectedly at some point. The paddles start to malfunction as if they were broken by the storm, which could technically represent technology escaping human control, but underneath the surface is the change of the artist's attitude towards automated machines. At this time, the artist is not the creator that commands and controls everything from above, but a companion who observes the journey of humans and machines that do not know where to head, or who are on board on the ark to voyage together through chaos. Looking not at the creation of machines but the future of technology, Choe lets go of complete control and embraces chance and irregularity. Now, he acknowledges the imperfection of technology and the fragility of humans, sitting alongside the machines made by himself, and us who are looking at them.

3

As Choe U-Ram's gaze encompasses not only machines but humans that are their bases, some might wonder if Choe's interests transitioned from machines to humans. Indeed, it is a plausible question, given that it has been

파멸이 구원을 전제로 하고 있기에 이 파국의 서사에는 희망적 결말이 내재한다. 노아의 방주 이야기의 원형으로 알려진 길가메시 서사시에서 신들은 인간을 심판하기 위해 홍수를 일으켰으나, 그들 스스로도 홍수를 완전히 통제하지 못하며 일부는 완전한 파멸을 주장하고 일부는 이에 반대한다.[9] 반면 성서의 이야기에서 심판은 선택된 자의 구원을 처음부터 포함한다. 노아는 예정된 파국에도 구원될 운명이었고 신은 심판 후 다시는 홍수로 땅을 멸하지 않으리라는 약속의 징표(무지개)까지 건넨다. 그런데 최우람의 <작은 방주>에는 완전한 파국도 확실한 구원도 없다. 기술문명이 야기한 총체적 혼란을 인간은 기계 배를 타고 헤쳐가려 하지만 방향을 모르는 배는 어디로 갈지 막막하다. 올린 것인지 내린 것인지 불분명한 닻처럼 기계 방주에는 명백한 멸망도 보장되는 구원도 없다. 위기가 닥쳤지만 아직 파멸은 도래하지 않았고 구원도 불확실하다. 오직 존재하는 것은 방향 상실의 혼란뿐이다.

그렇다면 이 방향 상실의 상태를 최우람은 어떻게 보는가? 작가 자신도 명확한 답을 갖고 있지 않다. 기술결정론자처럼 기술이 인류의 개선에 기여할 것이라고 낙관하지도 않고, 그렇다고 네오 러다이트처럼 첨단기술을 원천적으로 반대하지도 않는다. 그는 자본주의와 결합된 기술의 진보가 지속되리라는 것을 알지만, 기술 진화를 자본주의 자체의 붕괴 지점까지 밀어붙여 구조의 변화를 꾀해야 한다는 가속주의자마냥 어떤 목적론적 지향을 가지고 있지도 않다. 어디로 갈지 모르는 방향 상실의 현황을 인정하는 것, 희망을 버리지 않은 채 가능성을 모색하는 것, 파멸을 자초했지만 해답도 스스로

8 박호용, 7쪽. 참고로 태초의 세계 구조에 대한 창세기 구절은 다음과 같다. "하느님께서 "물 한가운데 창공이 생겨 물과 물 사이가 갈라져라!" 하시자 그대로 되었다." 「창세기」 1장 6절, 『공동번역 성서』 (대한성서공회, 1977), 1쪽.

9 앤드류 조지(공경희 옮김), 『길가메시 서사시』 (현대지성, 2021), 152-163쪽.

rare that human figures are at the forefront of Choe's works. In a physical sense, human figures do often appear in Choe's new works—as the scarecrows in *Round Table* or the captains in *Little Ark* or the figure in *Sign* (2022). And, in terms of Choe's themes of human desire, technological civilization, and history, it seems that his interests lean towards the side of humanity rather than of mechanization. While this impression is not incorrect, humans here are beings in an inseparable relationship with the machines, rather than the opposite. What Choe is looking at is the human-machine coalition that inevitably exists side by side with the machine. This line of thought recalls the understanding of the human condition of posthumanism. On the basis of transhumanism that advocates for human progress by technology, there is a premise of dualism in Enlightenment Humanism. Transhumanism, which draws a distinction between the material world and immaterial subjects seeking for "the good," is based on the Christian worldview that pursues an improvement of humans by taking away the realm of nature and incorporating it into human projects. Contrastingly, in posthumanism, humans are not distinguished from technology. From the very first use of a tool up until now, humanity without technology does not exist, and in that regard the human constitution is a technological constitution.[5]

While Choe U-Ram did not have in mind the metaphysical premises of Western

5 Thomas Philbeck, "Posthumanist Selfhood: Challenges to Being a Conglomerate," *Trans-Humanities*, vol. 6, no. 1 (2013): 123-126; Stefan Herbrechter, *Posthumanism: A Critical Analysis*, (London: Bloomsbury Academic, 2013), 25-28. [Korean editions: Thomas Philbeck, "Posthumanist Selfhood: Challenges to Being a Conglomerate," in *Humans and Post-Humanism*, ed. Ewha Institute for the Humanities (Seoul: Ewha University Press, 2013), 26-30; Stefan Herbrechter, *Posthumanism: A Critical Analysis*, trans. Kim Yun-Sun and Kim Eung-jun (Seoul: Sungkyunkwan University Press, 2012), 33-37.]

구할 것이라고 인간을 다시 한번 믿어보는 것, 이런 것들이 최우람의 방향 상실의 서사가 지니는 구원의 의미일 것이다. 현실을 직시하되 구원의 근거를 절대자가 아닌 인간에서 찾기에 최우람의 방주는 큰 방주가 아닌 '작은' 방주다. 그곳에는 거대 서사와 신화 대신 주변 사람들에 대한 연민과 도피 로봇을 만들던 순수한 선의가 있다. 지극히 인간적인 미래 모색은 이탈리아 자율주의자인 프랑코 '비포' 베라르디Franco 'Bifo' Berardi의 미래 개념을 연상시키기도 한다. 비포는 '원자화된 시간'에 대한 마르크스의 예언이 실현되었다고 본다. 네트워크화된 생산 과정에서 노동하는 개인은 없으며, 무한한 뇌 덩굴, 프랙탈 모양의 이용 가능한 신경 에너지 세포들로 이뤄진 끊임없이 변하는 모자이크만 있을 뿐이다.[10] 개인 individual에서 가분체dividual로 전락한 우울한 현재를 인정하면서도 비포는 미래 이후의 정치학을 포기하지 않는다. 우울의 양태를 직면하고 그 조건과 구조를 분석해 이후를 도모한다. 다시는 미래에 대해 쓰지 않을 것이며 미래 없음no-future에 대해서도 쓰지 않을 것이고, 대신 다른 것이 되는 과정, 즉 진동, 선택, 재조합, 재구성에 대해 쓸 것이라는 비포의 말은 역설적으로 누구보다 적극적으로 미래를 고민하는 태도다.[11]

최우람의 방향 상실 서사 역시 미래 가능성과 무관하지 않다. 작은 방주 가까이 배를 인도하는 황금빛 천사가 매달려 있다. 화려한 금박이 입혀져 있지만 천사는 기운을 잃고 축 늘어져 있다. 방주의 천사는 우리를 구원해줄 절대적인 존재가 아니라 우울과 무력함이라는 인간적인 결함을 지닌 지상의 존재다. 인간의 약점과 불완전함을 그대로 내포한 천사는 인간과

10 프랑코 '비포' 베라르디(강서진 옮김), 『미래 이후』 (난장, 2013), 199-200쪽.

11 프랑코 '비포' 베라르디(이신철 옮김), 『미래 가능성』 (에코리브르, 2021), 9쪽.

philosophy when making the works, the concept of posthumanism is useful not only for understanding the relationship between humans and technology, but for interpreting the narrative of salvation that the artist looks at. The differences emerge when comparing the concept of salvation in the story of Noah's ark in the Bible and the concept of salvation in *Little Ark*. The story of Noah's ark is based on the symmetrical composition, having the word of the Lord that he remembers Noah. The first half includes the five-step process of judgement caused by the flood, and the latter half includes the five-steps to salvation where the flood is put to an end. In the tale of the flood, the words of salvation and the words of judgment are crossed alternately.[6] The salvation is promised due to the goodness of Noah, and the judgment is foretold due to the depravity of humans, and the words of salvation are delivered to build the ark to be prepared for the catastrophe. Following that, the 40-day judgment of the flood is enacted, and the procedure of salvation unfolds at the end, with the order of the Lord to come out of the ship and Noah's sacrifice to launch a new world.[7] This narrative has two distinct features.

6 1. Account of Noah and his family (Gen. 6:9-10) - words of salvation, 2. Wickedness of humankind (Gen. 6:11-13) - words of judgment, 3. Production and the scale of the ark (Gen. 6:14-16) - words of salvation, 4. Judgment by the flood (Gen. 6:17) - words of judgment, 5. Declaration of the Lord and Noah's acquiescence (Gen. 6:18-22) - words of salvation. John Park, "Judgment and Salvation," *The Biblical Studies for Preachers*, vol. 8, no. 7 (2002), 2-4.

7 The temporal progression of the narrative of the flood, too, is based on the bifold symmetry, having "God remembers Noah (P)" as the core axis. This chiasmus frequently appears in the Old Testament. H. Seven days waiting for the flood (4-5), I. Seven days waiting for the flood (7-10), L. Forty days flood (17a), O. 150 days waters prevail (21-24), P. GOD REMEMBERS NOAH (8:1), O″. 150 days waters abate (3), L″. Forty days end (6a), I″. Seven days waiting for water to subside (10-11), H″. Seven days waiting for water to subside (12-13). Gordon J. Wenham, *Rethinking Genesis 1-11: Gateway to the Bible* (Eugene: Cascade Books, 2015), 40. [Korean edition translated by Cha Jun Hee (Seoul: Korea InterVarsity Press, 2020), 87.]

구분되지 않기에 동시대를 살아가는 우리의 초상이기도 하다. 흥미로운 점은 천사 조각의 출처와 제작 방식이다. 천사는 작가의 모습을 본떠 '쉐이프랩Shape Lab'이라는 3D 그래픽 프로그램으로 모델링된 것이다.[12] 인간의 모습을 표본으로 한 데다 실제 재료로 빚어낸 것이 아닌 가상공간에서 마우스로 그려져 3D 프린팅으로 물성을 얻은 천사는 모든 측면에서 탈신학적이고 속되며 기계화된 존재다. 기술을 통해 인간화된 천사는 우리가 구원을 신에게 기대할 수 없음을 가리킨다. 우리를 구원할 수 있는 것은 우리뿐이다. 이러한 인간 중심적 사상은 <사인>에서 집약된다. 통로 위에서 빛나는 인간=신의 형상은 최우람의 기계에 대한 사유가 곧 인간이 무엇이 되며, 되어야 하는가에 대한 사유와 동일함을 뜻한다. 인간 너머가 아니라 인간의 다음을 고민하는 것이 포스트휴머니즘이라면 인간에 주목하는 최우람의 시선이 기계에 대한 그간의 관심과 완전히 단절된 것도 아니요 나름의 미래 모색이라는 주장에 수긍할 수 있을 것이다.

방향 상실의 혼돈을 받아들이고 미래 가능성을 함께 찾아보자는 제안은 결국 유토피아주의와 연결된다. 유토피아주의에서 중요한 것은 목표의 달성이 아니라 그것을 추구하는 과정이다. 도달할 수 없는 것이 유토피아기 때문이다. 이는 인간화된 천사와 함께 발터 벤야민Walter Benjamin의 사유를 떠올리게 한다. 벤야민은 현재를 파국으로 인지한다. 파시즘의 전면화를 목도하면서 그는 우리가 살고 있는 비상 사태가 정상 상태라고 말한다. 하지만 이러한 파국의 시간이 부정적인 것만은 아니다. 그것은 인류의 역사가 그로부터 구원될 가능성의 씨앗을 깊이 잉태한 변증법적 대전환의 순간이기도 하다. 역사적 유물론자는 현재의 무한한 변증법적

12 구작인 <파빌리온>(2012) 위의 작은 천사상을 원형으로 작가의 모습을 투영해 재모델링했다.

Firstly, the thorough punishment for sins, and secondly, that salvation is promised from the beginning regardless. The big disaster, that is the flood, does not only apply to humans and animals—in the biblical worldview, it is the disruption of the structure of the whole world. The water that existed above and below the sky from the beginning is merged into one, and the chaos before Genesis returns.[8] However, because the complete destruction that sweeps everything away is premised on salvation, a hopeful ending is inherent in this narrative of catastrophe. In the Epic of Gilgamesh—known to be the archetype of the story of Noah's Ark—the Gods caused the flood to judge humans, but they cannot fully control the flood themselves, and some insist on complete destruction while others oppose the idea.[9] On the other hand, in the story in the Bible, judgment includes the salvation of the chosen ones from the beginning. Noah, despite the predicted catastrophe, was destined for salvation, and God even hands him a sign of promise (a rainbow) that he will never destroy the ground from flooding again after the judgment. However, there is no complete catastrophe nor definite salvation in Choe U-Ram's *Little Ark*. Humans try to be on the ship to navigate through the total chaos caused by technological civilization, but the directionless ship does not know which direction to go. Just as the anchor is unclear whether it is lifted or put down, there is no evident collapse nor guaranteed salvation in this machinic ark. Although there is an

8 Park, 7. For reference, the passage in Genesis about the structure of the world in the beginning of the world is as follows: And God said, "Let there be a vault between the waters to separate water from water." So God made the vault and separated the water under the vault from the water above it. And it was so. Gen. 1:6–7 (New International Version).

9 Andrew George (trans. and ed.), *The Epic of Gilgamesh* (Baltimore: Penguin Books, 1999), 88–99. [Korean edition translated by Gong Kyung-Hee (Seoul: Hyundai Ji Sung Publishing, 2021), 152–163.]

특성을 통찰하고 그 현재를 행동을 위한 결정의 시간으로 만드는 자다. 이때 현재는 더 이상 파국이 아니라 구원이 된다.[13] 현재 속에서 과거를 발견하여 미래의 가능성을 여는 순간은 메시아적 시간의 파편들이 박혀 있는 지금 시간Jetztzeit이다. 역사의 페이지를 상징하는 꽃잎이 끝없이 피고 지는 <하나>는 과거와 현재, 비극과 희극, 생과 사가 순환하는 역사의 굴레를 상기시킨다.[14] 노의 안무에 따라 검은 배가 되었다가 흰 배가 되기를 반복하는 <작은 방주>의 여정 역시 생성과 소멸을 되풀이하는 역사의 다른 얼굴이다. 이 움직임을 바라보며 '지금 시간'으로서의 현재와 미래 가능성을 사유하는 것이 최우람의 «작은 방주»를 미술관 안에 가두지 않고 미술관 밖 세계로 여는 '작은' 실천이지 않을까.

13 번역은 최성철의 표현을 따랐다. 최성철, 「파국과 구원의 변증법: 발터 벤야민의 탈역사주의적 역사철학」, 『서양사론』 no. 79 (2003), 80-81쪽; 발터 벤야민(최성만 옮김), 「역사의 개념에 대하여」, 『발터벤야민 선집 5』 (도서출판 길, 2009), 336-348쪽.

14 순환의 모티프가 쓰인 작업으로는 <하나>와 <작은 방주> 외에 <빨강>, <샤크라 램프>, <출구>, <URC-1>, <URC-2>, <원탁>을 꼽을 수 있다. 이처럼 여러 작업에서 반복되는 순환의 모티프는 이 전시가 역사를 바라보고 있음을 증명한다. 이는 니체의 영원회귀 개념을 떠올리게도 한다.

imminent crisis, the destruction has not arrived yet, and the salvation seems to be uncertain. The only thing that exists is the chaos from disorientation.

So, how does Choe U-Ram make sense of this status of disorientation? The artist himself does not have a clear answer—he is not optimistic that technology will contribute to the improvement of humankind, as technological determinists would; he is not fundamentally opposed to high technology like neo-Luddites. He is aware that the progress of technology, combined with capitalism, will persist, however, he does not have any teleological inclination as accelerationists who believe that the evolution of technology should be pushed to the point that it could destroy capitalism for structural change. Acknowledging the status quo of disorientation in which we do not know where we are heading to, searching for possibilities without abandoning hopes, believing again in humans that they will find solutions despite the fact they caused the destruction for themselves—these will be the meaning of salvation inherent in Choe's story of disorientation. For that the basis of salvation is sought in humans not in the Absolute while facing the reality directly, Choe U-Ram's ark is not a big ark but a little ark. There is a sympathy for the people around him, and his pure good will that he had when he was making the "escape robot," instead of a grand narrative and mythology. This humane search for the future can be associated with the concept of futurability discussed by Italian autonomist Franco 'Bifo' Berardi. Berardi considers that Marx's prophecy about the "atom of time" is fulfilled. In the networked production process, there are no working individuals but an infinite brain-sprawl, and an ever-changing mosaic consisting of available neural energy cells in the shape of fractals.[10] Acknowledging the depressing present moment where the "individual" degenerates into the "dividual," Berardi still does not give up on the politics of after the future—he confronts the mode of depression, analyzing its conditions and structures to be prepared for the afterwards. Berardi wrote that he would never write about the future, nor about the "no-future." Instead, he wrote that he would write about the process of becoming the other, that is, vibration, selection, recombination, and recomposition.[11] This statement by Berardi is paradoxically an attitude that engages with the future more actively than anyone else.

Choe U-Ram's story of disorientation, too, is not irrelevant to futurability. The golden angel guiding the ship hangs near the front side of the little ark. Despite being extravagantly gold-plated, the angel seems to be sluggish and slouchy. The angel of the ark is not the absolute being that will save us but an earthly being that has human defects such as depression and powerlessness. The angel that fully signifies human shortcomings and incompleteness, because it cannot be distinguished from humans, is also a portrait of us who live in contemporary time. What is interesting is the source of the angel sculpture and its method of production. The angel is made by 3D modelling using the 3D graphic program "Shape Lab," modeled after the artist's body.[12] The angel modeled on a human shape is not sculpted with real materials but is drawn by a computer mouse in virtual space and gained materiality through 3D printing; it is a de-theological, profane, and mechanical being in every aspect. The angel that is humanized through technology indicates that we cannot expect salvation from God; it is only us that can save ourselves. These human-centric thoughts are consolidated in *Sign*. The shining figure of a human—that is God—on top of the wall denotes that the thoughts on the machine for Choe U-Ram are equivalent to thoughts on what humans become, and should become. If posthumanism is about considering what comes after human, not beyond human, you may agree with the argument that Choe U-Ram's focus on human is not a complete break from his prolonged interest in machines, but is his way of exploring the future.

The suggestion to accept the chaos from disorientation and to explore future possibilities is eventually connected to utopianism. What is important in utopianism is not achieving goals but the process in pursuing them—because utopia is something that cannot be attained. This evokes, along with the humanized angel, thoughts of Walter Benjamin. Benjamin perceives the present as a catastrophe. Witnessing the totalization of Fascism, he states that the "state of emergency" in which we live is in fact the state of ordinary. However, this time of catastrophe is not necessarily negative. It can be the moment of dialectical grand transformation that is profoundly embedded with the seeds of possibility for salvation of human history from it. The historical materialist is the one who develops insights about the infinitely dialectic aspects of the present, who turns the present into a time of decisive action. At this moment, the present is not a catastrophe anymore but becomes salvation. The moment where the past is found in the present to be

10 Franco "Bifo" Berardi, *After the Future*, eds. Gary Genosko and Nicholas Thoburn, trans. Arianna Bove, Melinda Cooper, Erik Empson, Enrico, Giuseppina Mecchia, and Tiziana Terranova (Chico: AK Press, 2011), 124–133. [Korean edition translated by Kang Seojin (Seoul: Nanjang Publishing House, 2013), 199–200.]

11 Franco "Bifo" Berardi, *Futurability: The Age of Impotence and the Horizon of Possibility* (London, New York: Verso, 2017), 1. [Korean edition translated by Lee Shin-cheol (Seoul: EcoLivres, 2021), 9.]

12 It is re-modeled by projecting Choe's bodily shape on the prototype of small angel figures that are on the top part of Choe's previous work *Pavilion* (2012).

opened to the future is "now-time" (Jetztzeit) that has "splinters of messianic time"[13] stuck in it. *One*—in which petals symbolizing pages of history ceaselessly bloom and wither—evokes a cycle of history where past and present, tragedy and comedy, and life and death are put into circulation.[14] The journey of *Little Ark* where it repeatedly alternates to be a black ship and white ship depending on the choreography of the paddles, too, is another facet of history that repeats to be created and destroyed. Looking at these movements and contemplating on the possibilities of present and future as "now-time" would be a little praxis that opens up Choe U-Ram's exhibition *Little Ark* to the world outside, rather than containing it within the art museum.

13 Choi Seong Cheol, "Dialectic between Catastrophe and Salvation: Walter Benjamin's Philosophy of History as an Antihistoricism," *The Western History Review*, no. 79 (2003): 80–81; Water Benjamin, "On the Concept of History," in *Walter Benjamin: Selected Writings*, vol. 4, ed. Michael W. Jennings, (Cambridge: Harvard University Press, 2006), 392–396. [Korean edition translated by Choi Seong Man in Walter Benjamin: Selected Writings, vol. 5 (Seoul: Gil Publishing House, 2009), 336–348.]

14 In addition to *One* and *Little Ark*, Choe's selected works that include the motif of circulation are as follows: *Red, Cakra Lamp, Exit, URC-1, URC-2, Round Table*. The motif of circulation repeated in these many works attests that this exhibition looks at history. This also recalls the concept of eternal recurrence (Die Ewige Wiederkunft des Gleichen) by Friedrich Nietzsche.

국가라는 배 (1)

앤드류 러세스, 미술 평론가

> “우리가 앞으로 보게 될 현상들 가운데 일부는 여전히 설명할 수 없으며, 실은 우리가 아직 이해할 수 없는 것의 결과일 수도 있다. 누군가는 다른 종류의 생명체의 개입으로부터 파생된 것이라고도 말할 수 있다.”
>
> —존 O. 브레넌, 2020[1]

> “그들이 나타난다
> 모래 위를 걷는 그 남자 위로
> 바다의 차가움이 보이지 않게 토출된다.
> 내륙을 향해, 보라색 연기 속으로 쏟아지고
> 우리 숲과 마을을 향해 – 맹렬히 급증하며
> 키가 크고 비틀거리는 유령들이
> 충격파처럼 물 위를 미끄러진다.
> 우리의 방벽, 우리의 몸은 그들에게 문제될 것 없다.”
>
> —테드 휴즈, “유령 게”, 1966[2]

은밀한 광경들이 목격되고, 보이지 않는 유기체가 일상을 뒤흔들며, 기이한 이론들이 확산되고 있다. 전 미국 중앙정보국 국장은 특정한 미확인 공중현상 중에 어떤 것들은 현재 설명이 불가하다고 시인했다. 프랑스 남부에서는 “지금까지 만들어진 가장 복잡한 기계”[3]인 23,000톤 규모의 핵융합로가 건설되고 있다. 어느 저명한 교수는 태양계를 통과 중인 성간 물질이 외계 우주선일 수도 있다고 단정지었다. 현실은

(1) 플라톤의 『국가』 제6권에 등장하는 비유. 국가를 한 척의 배로, 지도자를 배의 선장으로 비유한다. 플라톤은 이 비유를 통해 민주주의가 강력한 선장이 없어 혼란스러운 상황과 같다고 설명한다. – 옮긴이

1 “John O. Brennan on Life in the CIA (Ep. 111),” *Conversations with Tyler* (팟캐스트), 조지메이슨 대학교 메르카투스 센터 제공, 2020년 12월 16일, https://medium.com/conversations-with-tyler/john-o-brennan-tyler-cowen-cia-government-spy-ad9092d5a47b.

2 Ted Hughes, *A Ted Hughes Bestiary: Poems*, Farrar, Straus and Giroux, 2016, p. 27. 이 시는 테드 휴즈의 세 번째 시집 『Recklings』(1966)에 수록되었다.

3 Raffi Khatchadourian, “A Star in a Bottle,” *The New Yorker*, March 3, 2014.

SHIP OF STATE

Andrew Russeth, Art Critic

> “Some of the phenomena we’re going to be seeing continues to be unexplained and might, in fact, be some type of phenomenon that is the result of something that we don’t yet understand and that could involve some type of activity that some might say constitutes a different form of life.”[1]
>
> —John O. Brennan, 2020

> “They emerge
> An invisible disgorging of the sea’s cold
> Over the man who strolls on the sands.
> They spill inland, into the smoking purple
> Of our woods and towns – a bristling surge
> Of tall and staggering spectres
> Gliding like shocks through water.
> Our walls, our bodies, are no problem to them.”[2]
>
> —Ted Hughes, “Ghost Crabs,” 1966

Clandestine sights are bursting into view, invisible organisms are upending daily life, and outré theories are proliferating. The former director of the Central Intelligence Agency in the United States has admitted that certain unidentified aerial phenomena cannot currently be explained. In the South of France, “the most complex machine ever built”[3] —a 23,000-ton thermonuclear fusion reactor—is under construction. A prominent professor has posited that an interstellar object passing through the Solar System may be an alien spacecraft. Reality is being revealed

1 “John O. Brennan on Life in the CIA (Ep. 111),” *Conversations with Tyler* (podcast), released by the Mercatus Center at George Mason University, December 16, 2020, https://medium.com/conversations-with-tyler/john-o-brennan-tyler-cowen-cia-government-spy-ad9092d5a47b.

2 Ted Hughes, *A Ted Hughes Bestiary: Poems*, Farrar, Straus and Giroux, 2016, p. 27. The poem was included in Hughes’s third volume of poetry, *Recklings*, 1966.

3 Raffi Khatchadourian, “A Star in a Bottle,” *The New Yorker*, March 3, 2014.

대부분의 사람들이 기꺼이 인정하고자 했던 것보다 더 기괴하고, 위험하고, 고무적이라는 점이 드러나고 있다. 최우람은 이런 순간을 예측하고 있었다.

최우람은 지난 30년간 각기 다른 전문 영역에 속한 요소들을 결합하는 다원적이고 독특한 작업을 추구해왔다. 지칠 줄 모르는 신사이자 학자인 그는 다양한 상황에서 기계공, 과학자, 저술가, 명명학자, 엔지니어, 교육자, 인류학자, 신화학자, 단편 소설가 등으로 활동한다. 종종 하나의 작품을 완성하는 동안 여러 역할을 동시에 맡기도 한다. 자신이 필요한 것을 취하고 나머지는 버리면서 여러 분야의 한계를 탐구하고, 밀어붙인다.

연구실인 동시에 이단적 작업장이라 할 수 있는 세심하게 정리되어 있는 서울 연희동의 작업실에서 탄생한 조각 작품들은 불안을 유발하면서도 황홀하고 매혹적이다. 심지어 기어, 전선, 나사가 대놓고 드러남에도 불구하고 완전한 생명체라는 확신을 안겨준다. 이 조각 작품들은 창조에 따르는 순수한 흥분과 공포를 나타내며, 기술이 창조주의 통제에서 벗어날 때 어떤 일이 벌어지는지 보여준다. 더불어 독창적인 움직임과 프로그래밍을 통해 감탄을 자아내고, 동시대의 사회정치적 문제들을 암시하는 동시에 오랜 시간 이어져온 신화, 불안 그리고 욕망들을 다루고 있다.

<쿠스토스 카붐>(2011)은 최우람의 작업을 이해할 수 있는 강렬한 도입부 역할의 작품이다. 물개와 같은 형체가 모래 위에 늘어져 있는 형상으로, 몸을 이루고 있는 수십 개의 가느다란 금속 고리는 야윈 동물의 뼈를 연상케 한다.[4] 살의 흔적은 보이지 않고, 곡선과 주름으로 매혹적인

4 최우람은 남극과 그 인근에 서식하며 고도의 회복력을 지닌 포유동물인 웨델물범을 바탕으로 이 작품을 만들었다.

as more bizarre, more dangerous, and more exhilarating than most were previously willing to acknowledge. Choe U-Ram has been anticipating this moment.

For three decades, Choe has pursued a multivalent, sui generis practice that splices together elements of disparate realms of expertise. A kind of tireless gentleman scholar, he operates at various moments as a mechanic, a scientist, a writer, a nomenclaturist, an engineer, an educator, an anthropologist, a mythologist, and a short-story writer. On occasion, he occupies many of those roles simultaneously while completing a single piece. He plumbs, and pushes, the limits of these fields, taking what he needs, discarding the rest.

The sculptures that materialize from Choe's meticulously organized studio in Seoul's Yeonhui-dong—which is part research laboratory, part renegade workshop—unsettle, enchant, and beguile. They evince the confidence of fully formed living creatures, even when their gears, wires, and screws are plainly visible. They are about the sheer excitement and terror of creation, and what happens when technology slips away from the control of its creator. They dazzle with ingenious movements and programming, and allude to contemporary sociopolitical issues, while at the same time addressing myths, worries, and desires that have endured through the ages.

Custos Cavum (2011) provides a potent entryway into Choe's work. It is a sprawling, seal-like being sprawled out on a bed of sand, and dozens of narrow metal rings comprise its body, suggesting the bones of an animal that has wasted away.[4] There is no sign of flesh, and its

4 Choe based the sculpture on the Weddell seal, a remarkably resilient mammal that lives in and around Antarctica.

덩어리를 이루며 날카로운 이빨이 가득한 두개골은 수천 년, 어쩌면 아마 수백만 년 동안 그 자리에 놓여 있던 것처럼 보인다. 하지만 완전히 죽은 상태는 아니다. 마치 깊은 잠에 빠져 숨을 쉬듯 천천히, 차분하게 물결치듯 몸이 움직인다. 그리고 가늘고 긴 형체들이 소용돌이치며 몸에서 자라난다. 최우람이 작품에 관해 작성한 간결한 글에 따르면, 각각의 형체는 '유니쿠스'[5]다. 곤충과 같은 이 유기체는 공생하는 두 세계 사이에서 아주 조금만 열려있는 포털을 이빨을 사용해 지키는 "수호자"로 진화할 것이다.

최우람은 이 작품을 영적으로 쇠퇴하는 시대라는 맥락에 놓는다. "다른 세계에 대한 기억이 사람들의 머리에서 점차 사라지면서 쿠스토스 카붐들은 힘을 잃어갔고 하나씩 하나씩 죽어갔다." 두 세계는 결국 서로 단절되고 말았다. "두 개의 세계는 완전히 분리되어 사람들의 기억 속에서도 완전히 지워졌다." 하지만 바로 여기 오랫동안 잊혀진 수호자 가운데 하나가 있다. 최소 20개의 유니쿠스를 생성하여 서로 멀리 떨어진 두 영역을 다시 연결시킬 가능성을 제공한다.

세심한 동작과 아름다움을 통한 구원 혹은 재개된 소통의 가능성은 최우람의 작업 이면을 관통하는 중요한 경향이다. 이는 국립현대미술관 서울관에서 열리는 «MMCA 현대차 시리즈 2022» 전시 전반에서도 보인다.

전시의 핵심에는 서른 다섯 쌍의 노를 갖추고 12미터가 넘는 야심찬 구조물인 <작은 방주>(2022)가 자리한다. 이는 항해 중인 선박처럼 보이기도, 행성을 오가는 우주선처럼 보이기도 한다.

5 일반적으로 최우람의 작품과 함께 제시되며, 작가의 웹사이트에서도 볼 수 있다. 이 글에서 인용한 작가의 글은 모두 웹사이트에 게재되어 있다. http://www.uram.net/kor_new/intro_kr.html

skull—a captivating mass of unexpected curves and wrinkles, filled with sharp teeth—looks like it has been sitting there for thousands, perhaps millions, of years. But it is not quite dead. Its body is undulating slowly, calmy, as if it is breathing while lost in sleep. Spindly forms are swirling up from it. Each is a 'Unicus', Choe explains in a characteristically concise text that he has written to accompany the work.[5] These insectoid organisms will evolve into "guardians," which use their teeth to maintain a portal—just a small opening—between two symbiotic worlds.

Choe positions this work in an era of spiritual decay. "As time went on, the people of each world gradually forgot about the other," his text continues, and the "guardians lost their power and died." The worlds were cut off from one another. "The existence of the other world was entirely erased from people's memories." And yet, here is one of the long-lost guardians, spawning at least 20 new Unicus beings, offering the possibility of reconnection between two distant realms.

This potential for redemption, or for renewed communication, through deliberate action, and beauty, is a key undercurrent in Choe's work, and it permeates his exhibition at the National Museum of Modern and Contemporary Art in Seoul for the *Hyundai Motor Series 2022*.

The core of the show is *Little Ark* (2022), a wildly ambitious structure—part seafaring vessel, part interstellar spaceship—that measures more than 12 meters long, with 35 pairs of oars. As has occurred in the past, Choe was inspired

5 Typically shown alongside Choe's works, as wall labels, his texts are available on his website: http://www.uram.net/eng_new/intro_en.html. All of the cited texts are published there.

최우람은 과거에도 그러했듯 일곱살에 불과하던 어린 시절에 그린 배에서 영감을 받아 이 작품을 제작했다. 1970년대 한국에서 자란 최우람은 북한과의 전쟁 가능성과 어렴풋이 다가오는 핵 전멸의 위협을 배웠던 것을 기억한다.[6] 어린 시절 그려둔 배는 그러한 파괴에 대한 대비책, 즉 임박한 파멸을 타계할 방법을 나타낸다.

<작은 방주>는 그와 유사한 실존적 불안, 즉 코로나바이러스로 인한 팬데믹, 한반도 내의 새로운 긴장, 유럽에서 발생한 큰 전쟁, 기후 변화가 미치는 잔인하고 무자비한 영향 등이 자리매김한 시기에 만들어졌다. (이러한 불안을 끝도 없이 계속 나열할 수 있다.) "아무도 우리를 구원할 수 없습니다." 최우람이 밝힌 본인의 세계관이다. "우리가 스스로를 구원해야 하죠."[7] 그가 만든 이동 수단은 바다를 항해하거나, 말로는 표현할 수 없는 재난이 벌어진 뒤 (우주에 집착하는 한 억만장자가 최근 제안한 것과 같이) 먼 세계로 날아갈 준비가 된 듯 보인다.

방주는 생존을 위한 도구들로 가득하다. 각각의 도구는 개별 작품이기도 한데, 높이 치솟은 <등대>(2022)는 다른 생존자들에게 위험을 알릴 수 있고, 과학 장비의 결합체인 <제임스 웹>(2022)은 여정을 기록할 수 있다. 방주의 노는 짜여진 동작을 통해 다양한 움직임으로 배를 방어하며 (넓은 방패를 든 로마 기병대를 상상해보라), 추진력을 생성하는 강력한 수단으로 작동한다. 그럼에도 불구하고 이상한 점들이 있다. 두 명의 선장은 반대 방향을 바라보며 대립하는 듯 보인다. 방주는 내부에서부터 분리되어 야누스와 같이 양면적이다. 또한 배에서 분리되어 버려진 <닻>(2022)은 배가 닻을 내리지 않고 있다는 것을 의미한다. 만약 이 방주가 안전을 보장하는

6 작가와의 영상 인터뷰, 2022년 7월 2일.

7 Ibid.

to make the piece by a drawing that he made of a ship in his childhood, when he was just seven. Growing up in South Korea in the 1970s, he recalls being taught about the possibility of war with North Korea and the looming threat of nuclear annihilation.[6] His youthful vessel represents a hedge against that destruction, a way through that impending doom.

Little Ark arrives at a time marked by similar existential dread: the coronavirus pandemic, renewed tensions on the Korean peninsula, a major war in Europe, and the brutally unrelenting effects of climate change. (One could go on.) "No one can save us," Choe told me of his worldview. "We have to save ourselves."[7] His vehicle looks ready to sail the rising oceans or, in the wake of some unspeakable disaster, to fly into the air to distant worlds (as a certain space-obsessed billionaire has proposed lately).

The ark is loaded with tools for survival, each a discrete artwork, like a towering *Lighthouse* (2022) that could alert other survivors and an amalgam of scientific equipment (*James Webb*, 2022) that could chart the journey. In choreographed movements, its oars act variously as guards for the ship (picture a Roman centurion with his capacious shield) and as powerful means for generating momentum. Still, there are discordant notes: two captains face in opposite directions and seem to be at odds with one another. The ark appears to be two-sided, Janus-like, divided from within. There is also an *Anchor* (2022) cast off to the side, disconnected from the ship, meaning that it is literally unmoored. If this is your only ticket to safety, you cannot be feeling very confident.

With typical élan, Choe has crafted an artwork

6 Video interview with the artist, July 2, 2022.

7 Ibid.

유일한 수단이라면, 조금은 불안할 것이다.

최우람은 고유의 스타일을 통해 오래된 자료, 미술사, 그리고 현재의 이슈 모두를 암시하는 작품을 만들어냈다. 물론 방주는 아주 오래 전부터 성경, 길가메시 서사시 등에 다양한 형태로 나타났으며, 과학소설에서도 피난선의 형태로 등장한다. 탈출에 대한 욕망은 인간의 원초적인 감정이며, 작가는 시선을 사로잡는 방식으로 이를 포착한다. 그는 (국립현대미술관 전시에서도 볼 수 있는) 드로잉을 활용해 작품을 설계하는데, 이 과정에서 눈부신 예술적 업적들 (그리고 여러 발명품들) 중에 특히 헬리콥터와 잠수함을 고안한 것으로 유명한 레오나르도 다 빈치가 개척한 길을 걷고 있다.

최우람 역시 호기심이 끊임없이 넘치는 인물이다. 그의 작업 전체를 놀라움, 상상, 놀이를 향한 친절한 초대라고 여길 수도 있다. 이것은 심각함이 곧 비평성을 띠는 것과 같다고 여겨지고 진정성은 의심받는 동시대 미술에서 보기 드문 접근 방식이다. 하지만 최우람이 그저 순진할 뿐이라고 여겨지지 않는 이유는 고도의 기술로 어렵게 구현한 정교한 작품들과 그것이 품고 있는 어두운 측면들 때문이다.

최우람의 작품들은 형태와 작동 방식에서 모두 흐름이 깨지는 요소들을 갖는다. 4미터 높이의 선인장 형태의 작품 <놈>(2016)에 달린 줄자들은 천천히 늘어난 뒤 숨겨진 힘의 작용을 받아 불가사의한 리듬으로 순식간에 줄어든다. 국립현대미술관 벽면에 설치된 꽃 형태의 작업인 <하나>(2020)와 <빨강>(2021)에서 알고리즘의 제어를 받는 꽃잎들은 간단한 설명과 예측을 살짝 비켜가는 패턴으로 피고 지기를 반복한다.

이 작품들은 정신의학자 에른스트 옌치가 정의한 바에 따르면 '언캐니'하다. 보는 이로

that alludes both to age-old sources, art history, and of-the-moment issues. The ark, of course, can be found deep in the past, appearing in various forms in the Bible and the *Epic of Gilgamesh*, and in the form of evacuation crafts in science-fiction. The desire for escape is a primal human sentiment, which the artist captures with eye-grabbing élan. Engineering his creation with the aid of drawings (also visible in the MMCA show), he adopts a role pioneered by Leonardo da Vinci, who famously conceived of a helicopter and a submarine (among other inventions) amid his other dazzling artistic exploits.

Choe, too, is restlessly curious. One might take his entire practice as a generous invitation to be astonished, to imagine, and to play alongside him—a rare approach in contemporary art, where seriousness tends to be equated with critique, and where earnestness is treated with suspicion. What saves him from charges of naivety is the virtuosic, hard-won sophistication of his work, and the darkness that it harbors.

His creations frequently disturb in both their appearance and in the manner of their operation. The measuring-tape tongues in the 12-foot-tall cactus that is *Norm* (2016) slowly extend and then, in a flash, retract at their own enigmatic rhythm, guided by some hidden mind. The algorithm-controlled petals of the wall-hung flowers at the MMCA, *One* (2020) and *Red* (2021), open and close in patterns that just barely elude simple explanation—and prediction.

These works are uncanny in the sense defined by the psychiatrist Ernst Jentsch, in that they force viewers to wonder "whether an apparently animate being is really alive; or, conversely, whether a lifeless object might

하여금 "살아있는 것처럼 보이는 존재가 실제로 살아있는지, 혹은 그와 반대로 생명이 없는 물체가 사실은 살아있는 것인지" 의심할 수밖에 없게 만들기 때문이다.[8] 이 작품들은 중간 상태, 즉 '이것 아니면 저것'의 상태가 아니라 '양쪽 모두이자 함께'의 상태로 존재한다. 그러한 영역은 작품을 보는 이에게 심오하고 지속적인 영향을 미칠 수 있다. 옌치의 동료인 지그문트 프로이트는 언캐니가 "한때 매우 친숙했던, 우리에게 오랫동안 알려져 있던 어떤 것을 향해 우리를 이끄는 무서운 부류의 것"[9] 이라고 주장했다.

최우람의 무시무시한 조각들은 어디로 향하는 걸까? 그의 작품들을 마주했을 때 무서운 서식지를 떠올렸다. 캄캄하고 무성하며 깊숙이 얼어붙은 바다 혹은 그늘진 숲의 중심부와 같은 곳, 인간이 정착한 땅 너머 두려움을 자아내는 종들이 살고 있는 곳 말이다. 이러한 피조물은 역사 이전의 시대에서나 볼 수 있었다. 그들은 우리의 눈을 위한 게 아니다. 살아있는 존재이기는 할까?

정신분석학자 자닌 샤스게-스미르젤은 "꼭두각시, 마네킹, 밀랍인형, 자동기계인형, 인형, 채색된 풍경, 석고 모형, 인체 모형, 비밀스러운 시계 장치, 모방과 환상"에 관한 글에서 그러한 것들이 "우리의 관습법이 지배하지 않는 세계가, 놀랍고 언캐니한 세계가 정말로 존재한다는 느낌"[10]을 전달한다고 주장했다. 최우람의 작품들은 사실이 갑작스레 의심받는 영역, 기존의 지식이 매우 잘못된 것으로 판명되는 영역으로

8 다음에 수록된 글 "Playing with Dead Things: On the Uncanny" 에서 인용. Mike Kelley, *Foul Perfection: Essays and Criticism*, edited by John C. Welchman, Massachusetts Institute of Technology, 2003, p. 73. 나는 이 글에서 언캐니의 개념과 그 힘에 관한 마이크 켈리의 예리한 개괄에 큰 빚을 지고 있다.

9 Ibid.

10 Kelley, *Foul Perfection: Essays and Criticism*, p. 72.

not in fact be animate."[8] They exist in an in-between state, not either-or but both-and. That zone can have a profound and lasting effect on viewers. As Jentsch's colleague, Sigmund Freud, posited, the uncanny is "that class of the terrifying which leads us back to something long known to us, once very familiar."[9]

Where do Choe's terrifying sculptures lead? Encountering them, I find myself thinking of forbidding habitats—the black, dense, frozen depths of oceans and the shadowy hearts of forests, places where fearsome species dwell beyond the realm of human settlement. If we have seen these creatures before, it was only in some prehistoric era. They are not for our eyes. Are they alive?

Writing of "puppets, mannequins, waxworks, automatons, dolls, painted scenery, plaster casts, dummies, secret clockworks, mimesis and illusion," the psychoanalyst Janine Chasseguet-Smirgel has argued that they transmit "the feeling that a world not ruled by our common laws does exist, a marvelous and uncanny world."[10] Choe's works immerse viewers in a land where facts are suddenly in doubt, where previous understandings are being proved to be very wrong.

That sense of disorientation is pervasive at the moment. Everything is topsy-turvy and in flux. Stable ground is turning into quicksand. Because of the climate crisis, untold numbers of animals, plants, and other life forms

8 Quoted in "Playing with Dead Things: On the Uncanny" in Mike Kelley, *Foul Perfection: Essays and Criticism*, edited by John C. Welchman, Massachusetts Institute of Technology, 2003, p. 73. I am indebted to Kelley's incisive overview of the literature on the conception and power of the uncanny.

9 Ibid.

10 Kelley, *Foul Perfection: Essays and Criticism*, p. 72.

보는 이를 이끈다.

현재 그러한 방향상실의 느낌이 만연하다. 모든 것이 뒤죽박죽 섞여 있고, 유동적이다. 견고했던 땅이 모래 구덩이로 변하고 있다. 기후 위기로 인해 셀 수 없이 많은 동물, 식물, 생명체가 발견되기도 전에 죽어간다. 엄청난 양의 정보가 빠른 속도로 전세계에 확산되고 있지만 진실과 역사에 대한 고정관념들은 부서지고 무너지는 중이다. 이러한 맥락에서 최우람의 통찰력 넘치는 작업은 하나의 경고이며, 보는 이가 세계에 지속적으로 관여하도록 이끄는 것을 목표로 한다.

날개 길이가 5미터에 이르며 죽음을 연상케 하는 유령 형상인 <허수아비>(2012)를 살펴보자. 전선이 몸통을 이루며 빛을 발하는 내부를 감싼다. 높이가 거의 4미터에 이르는 이 형상이 천천히 날개를 퍼덕일 때 섬뜩해 보인다. 물론 허수아비는 실제로 그 어떤 해도 끼칠 수 없다. 그저 들판에 가만히 서서 농작물을 약탈하려는 새들을 막는다. 컴퓨터 부품으로 무장한 최우람의 허수아비는 현대 사회를 가동하는 기술 네트워크를 구현하며, 사회에 너무나 많은 불평등과 불안정을 야기한 차갑고도 겉으로 드러나지 않는 시스템의 의인화이다. (소셜 미디어의 유해한 영향이 막 주목받기 시작한 10여년 전에 이 작품이 만들어졌다는 점은 놀랍기 그지 없다.) <천사>(2022)는 <허수아비>에 대한 일종의 동반자격 작품이다. 호화로운 금으로 덮인 이 작품은 숭배의 대상이 되는 사물이나 존재를 암시한다. 하지만 머리를 숙인 채 축 늘어져 패배한 자세다. 우리는 스스로에게 의지하고 있다. 최우람이 간단명료하게 정리한 바와 같다. “우리의 방주는 바로 지구입니다.”[11]

11 작가와의 영상 인터뷰, 2022년 7월 2일.

are dying, even before they are discovered. Information courses in huge quantities, at rapid speed, around the planet, but fixed notions of truth and history are fracturing and collapsing. Choe’s visionary art is, in this context, an alarm, one that aims to draw viewers into sustained engagement with the world.

Take *Scarecrow* (2012), a deathly specter with a wingspan of five meters. Electrical cables form its body, wrapped around a glowing interior. Nearly four meters tall, it menaces as it slowly flaps its wings. A scarecrow, of course, can do no actual harm. It sits in a field, attempting to ward off birds that will pillage a crop. Choe’s scarecrow, outfitted with computer components, embodies the technological networks that operate modern society, an anthropomorphic depiction of the cold, unseen systems that have inflicted so much inequality and instability on various societies. (It is staggering that the work was made a decade ago, when social media’s deleterious effects were just coming into focus.) *Angel* (2022) is a kind of companion piece. Covered in sumptuous gold, it suggests a devotional object, or a being to be worshipped, but it is slumped over, and its head is down, defeated. We are on our own. As Choe succinctly put it, “Our ark is earth.”[11]

Who is in charge? That question animates much of Choe’s art, which probes power relations. In the frankly menacing *Round Table* (2022), another important work in the MMCA show, eighteen headless bodies adorned with artificial straw are wedged beneath a circular black platform. They writhe up and down, causing a head atop the circle to roll around it, in what could be some hellish medieval game. It is unclear if the platform is controlling these beleaguered workers or if they are able

11 Video interview with the artist, July 2, 2022.

누가 우두머리일까? 이러한 질문이 권력 관계를 탐구하는 최우람 작업의 많은 부분을 움직이게 한다. 솔직히 위협적으로 보이는 <원탁>(2022)은 국립현대미술관 전시의 또 다른 주요 작품으로, 인조 볏짚으로 치장한 18구의 머리 없는 인체들이 둥글고 검은 단상에 등을 괴고 있다. 이들은 위아래로 몸부림치며 단상 위에 놓인 머리를 이리저리 굴러다니게 하고, 이는 마치 잔인한 중세시대의 게임처럼 보이기도 한다. 단상이 이처럼 곤경에 처한 일꾼들을 통제하고 있는 것인지, 아니면 그들이 조금이라도 자유의지를 행사할 수 있는 것인지는 분명치 않다. 그럼에도 불구하고, 그들은 머리를 계속 움직이면서 스스로의 노동에 지쳐가고 있다. 한편 세 마리의 <검은 새>(2022)는 높은 국립현대미술관 아트리움 천장에서 머리 위를 맴돌고, 언제든지 밑으로 내려와 머리를 낚아챌 준비를 하고 있다. 개별적으로 움직이고 있는 두 조각 작품을 보면 폭력적 상황 위로 날고 있는 이 건드릴 수 없는 새들이 아래의 끔찍한 움직임 전체에 동력을 가하고 있는 듯하다.

<핑크 히스테리아>(2018)에서도 권위가 의문시된다. 최우람은 이 작품에서 약 3평방미터 너비의 투명 상자에 북한에서 대외 행사에 쓰이는 분홍색 플라스틱 조화를 빽빽하게 심어 부유하고 있는 듯이 보이는 단색의 직사각형 프리즘을 구현했다. (거의 타라 도노반이나 아르망의 작업으로 여겨질 수 있을 것 같다.) 광적으로 분홍색을 띤 인공 꽃들이 하나가 되어 움직이며, 이 움직임은 미세한 정도가 아니다. 한 방향으로 빠르게 기운 뒤 다시 다른 방향으로 눕는다. 또 유리를 짓누른 뒤 곧게 선다. 꽃잎들이 바스락거리는 소리는 놀라울 정도로 시끄럽고, 그들의 움직임은 일정치가 않다. 어떤 시점에서 꽃잎들은 자율성을 가진 생물체처럼, 훈련받은 대로 행동하는 군인처럼 보인다. 다른 관점에서 볼 때는 크고 보이지 않는 힘의 조종을 받고 있는

to exercise some modicum of free agency. Regardless, they are being ground down by their labor, keeping that head moving. All the while, three *Black Birds* (2022) circle overhead, near the top of the MMCA's soaring atrium, ready to swoop down and enjoy that head at any second. Watching these two discrete sculptures in motion, one might even propose that these creatures that are soaring above the fray, untouchable, are powering the whole awful operation.

Authority is also in doubt in *Pink Hysteria* (2018), in which Choe has ensconced a tight field of pink plastic wisterias used in public events in the Democratic People's Republic of Korea in a translucent box about nine feet square, to form a monochromatic rectangular prism that appears to hover. (It could almost be the work of Tara Donovan or Arman.) These maniacally pink artifacts are moving in unison—and not subtly. They lean quickly one way, and then another; they press up against the glass and then stand upright. The rustling of all of their petals is surprisingly noisy, and their activity is extremely ambiguous. From a certain vantage point, they look to be autonomous creatures, disciplined soldiers going through well-rehearsed actions. From another, they are being manipulated by larger and invisible forces. Or they might merely be at the mercy of the wind. Familiar materials have turned sinister. A cult mentality has taken hold. "We may say that hysteria is a caricature of an artistic creation,"[12] Freud wrote. Choe has channeled that notion with razor-sharp wit here, showing how innocuous parade props can become tools in a spectacle that is, at once, grotesque and bewitching.

12 Sigmund Freud, *Totem and Taboo*, Outlook Verlag, 2020, p. 59.

것으로 보인다. 혹은 그저 바람에 휘둘리는 것일 수도 있다. 익숙한 소재가 불길해 보인다. 광신적 심리가 장악한 것이다. 프로이트는 이렇게 쓴 바 있다. "히스테리가 예술 창조의 캐리커처라고 할 수 있을지도 모른다."[12] 최우람은 이런 개념을 매우 예리하고 재치있게 전달함으로써 위험하지 않은 행진용 소품이 그로테스크하면서도 매혹적인 스펙터클 안에서 어떻게 활용될 수 있는지 보여준다.

묘한 매력을 갖춘 기계들을 만들어내는 최우람은 역사적으로 거의 개척되지 않은 외딴 땅의 사분면을 차지하고 있다. 그를 조지 리키나 조지 로드와 같은 20세기의 대표적인 키네틱 아트 작가들과 비교 선상에 놓고 싶은 솔깃한 마음이 들기도 한다. 하지만 그는 엄격한 추상주의자도 아니고, 요란한 엔터테이너도 아니다. 분명 최우람의 작업에서 마르셀 뒤샹과 그의 나선형 <회전 부조>(1935)와 맥을 같이 하는 무모한 발명가 겸 기업가적인 요소가 존재한다. 어쩌면 그를 기술에 매료되어 새 생명체를 탄생시키는 빅터 프랑켄슈타인과 같지만 그처럼 도덕적 결함은 없는 생물학자로 이해하는 것이 가장 나을지도 모른다.

더 효과적인 비교를 위해 작가 장 팅겔리의 후기 작업을 예로 들 수 있는데, 이는 1986년 <멩겔레-죽음의 무도>를 구성하는 놀라운 피조물들을 만들던 시기에 해당한다.[13] 팅겔리는 집에서 일어난 화재로부터 살아남은 자재를 활용해 거칠고 불규칙적인 브리콜라주를 만들었다. 이는 마치 깊은 과거의 이야기에서 태어난 야수를 불러내는 것과 같았다. 하지만 최우람은 보다 매끄럽고 정돈된 접근 방식을

12 Sigmund Freud, *Totem and Taboo*, Outlook Verlag, 2020, p. 59.

13 스위스 바젤의 팅겔리 박물관에 소장되어 있으며, 영구 소장품으로 전시되고 있다.

Producing his beguiling machines, Choe is occupying a remote, largely untrampled quadrant on the historical map. Tempting comparisons can be made to canonical 20th-century kinetic artists, like George Rickey or George Rhoads, but he is neither a strict abstractionist nor a whiz-bang entertainer. There is, to be sure, an element of the madcap inventor-cum-entrepreneur to his project that echoes Marcel Duchamp and his spiraling *Rotoreliefs* (1935). He is perhaps best understood as a tech-obsessed biologist—Victor Frankenstein without the moral failings—birthing new organisms and crafting their stories.

A productive parallel may be late-career Jean Tinguely, when the sculptor was conceiving of the astounding creatures in his 1986 *Mengele-Dance of Death*.[13] Using parts that had survived a house fire, Tinguely pursued rough-and-tumble bricolage, conjuring beasts that seem born of tales from the deep past. Choe favors a sleeker and more polished approach—he often elegantly engraves his panels, and he is assiduous about placing every seam and screw—but he shares with his Swiss ancestor a zest for primeval, unnamable energies.

Choe's *URC-1* (2014) and *URC-2* (2016) are radiant, piquant manifestations of his touch for broad, disquieting technologies. Gargantuan spheres assembled from dozens of car lights, they are tools for illuminating every millimeter of a room. They see everything. They are exemplars of today's surveillance culture, but their lineage can be traced back more than 200 years to the panopticon of Jeremy Bentham, and more than 2,000 years, to classical Greece and the Argus Panoptes, a monstrous giant whose

13 The work resides at the Museum Tinguely in Basel, Switzerland, where it is permanently on view.

선호한다. 그는 패널을 세련되게 조각하고, 모든 이음새와 나사를 꼼꼼히 배치한다. 하지만 스위스 출신 선조 팅겔리처럼 원시적이면서 명명할 수 없는 에너지를 추구한다.

최우람의 <URC-1>(2014)과 <URC-2>(2016)는 광범위하고 불안을 유발하는 기술에 대한 작가의 찬란하고 통렬한 표현방식이다. 자동차 등 수십 개로 조립된 거대한 구체들은 공간의 구석구석을 샅샅이 비춘다. 그리고 모든 것을 들여본다. 그들은 오늘날 감시문화의 전형을 보여주지만, 그 계보는 200년도 더 된 제러미 벤담의 파놉티콘 개념과 2000년 전 그리스 신화에서 눈알로 뒤덮인 거대한 괴물로 등장하는 아르고스 파놉테스까지 거슬러 올라간다. 밝은 빛을 발하는 이 구체들은 우리가 지금 바로 어디에 존재하고 있는지에 관한 영구적이고 기상천외하며 굉장히 정확한 묘사이다.

최우람이 만든 존재들은 마치 다른 세계에서 온 것 같지만, 그가 구사하는 언어는 실질적이고 실용적이다. 요컨대 그는 작동하도록 설계된 사물을 만든다. 따라서 찰스 R. 나이트, 헨리 드 라 베시와 같은 팔레오아트[(2)] 미술가들과 라이문트 아브라함, 레비우스 우즈 등처럼 모험적인 건축가들을 자신의 선조로 삼는다. 이들은 어쨌거나 실제 물리학에 기반한 사변적 작업을 펼치는 인물들로, (팔레오아트 미술가들의 경우) 사라진 생물종을 다시 상기시키거나 (건축가들의 경우) 멋지도록 새로운 삶의 방식을 구상하기 위해 진지하게 애썼다. 그들은 우리가 더 과감해지고 대담해지기를 요구한다.

최우람이 작업에 쏟는 정성은 존 제임스 오듀본 그리고 카를 린나이우스와 맥을

(2) 팔레오아트(Paleoart). '구석기 시대의(paleolithic)'와 '미술(art)'을 결합한 조어. 공룡 등 선사시대의 생물을 과학적 근거에 따라 미술을 활용해 재연한 것을 이른다. - 옮긴이

body was covered with eyes. These bright orbs are indelible, fantastical, and bracingly accurate representations of where we are right now.

But while Choe's beings are otherworldly, his language is practical and utilitarian. In short, he makes things that are designed to work. And so he finds forebears in paleoartists like Charles R. Knight and Henry De La Beche and venturesome architects like Raimund Abraham and Lebbeus Woods. These were figures making speculative works that are still grounded in real-world physics, earnestly trying to recapture vanished species (in the cases of the former), or to conceive of gloriously new ways of living (in the latter). They ask us to be bolder and more ambitious.

The care that Choe brings to his task also connects him with the tradition of John James Audubon, whose paintings catalogue so many species in meticulous detail, and Carl Linnaeus, the taxonomist who helped bring order to the wild world of living organisms. Holed up in his Seoul studio (and a temporary space further out of town, for the MMCA show), Choe sits behind a computer, building 3D models of his species, piece by piece, printing instruction manuals, and handling repairs when necessary.

Many of Choe's sculptures mirror or allude to his kind of maintenance over the long haul. They are autonomous artworks, to be sure, but they are also entities that survive through relationships with outside sources of energy. They grow and change, sustained by human emissions and detritus. The *Ala Aureus Nativitas* (2022) lives off humanity's dreams. The floral-like female *Urbanus* (2006) feeds on urban energy, while the male lives off of photons from her. The sharp-edged, dinosaur-esque *Nox Pennatus* (2005) consumes a pollutant late at night, when they clog the earth.

같이한다. 오듀본은 세밀화를 통해 수많은 생명체을 세세하게 분류했고, 린네우스는 생물들이 살아가는 야생 세계에 질서를 부여한 분류학자였다. 그는 (국립현대미술관 전시를 위해 시내에서 멀리 떨어진 곳에 임시로 마련한 작업실과) 서울 작업실에 틀어박혀 컴퓨터에 앉아 자신이 만든 생명체의 3D 모델을 하나씩 제작하고, 취급 설명서를 출력하고, 필요할 경우엔 보수를 진행한다.

최우람의 조각 작품 중 다수가 장기간에 걸쳐 그만의 방식으로 이뤄질 유지 관리를 반영하거나 암시한다. 분명 자율적인 작품이지만, 외부 에너지원과의 관계를 통해 생존하는 개체이기도 하다. 인간이 배출하는 온실가스와 쓰레기로 연명하며 성장하고 변화한다. <알라 아우레우스 나티비타스>(2022)는 인류의 꿈을 먹고 산다. 꽃처럼 생긴 암컷 <우르바누스>(2006)는 도시의 에너지에 의존하는 반면, 수컷은 암컷이 방출하는 광자로 유지된다. 날이 서 있고 공룡처럼 보이기도 하는 <녹스 페나투스>(2005)는 늦은 밤 오염 물질이 지상에 내려앉으면 그것을 먹어치운다.

최우람은 라틴어를 활용해 자신의 기술적 성취에 학명을 붙이는데, 이러한 학명은 보통 작품의 내부 작동 방식을 부각하는 서너 단어의 배열로 이뤄진다. 예를 들어 <우르바누스>의 학명은 “Anmopista Volaticus Floris Uram”으로, “날아다니는 꽃”을 완벽하게 연상케 하는 이름이다. 나아가 그는 자신의 이름으로 학명을 마무리 짓는 경우가 많은데, 우연의 일치인지 라틴어에서 그의 이름은 “나는 태울 것이다”, “소멸시킬 것이다”, 심지어 “불태워버릴 것이다”로 해석된다. 이 작품들은 그저 좌대에 놓여 있거나 공간 안에 매달려 있는 게 아니다. 작품들은 에너지를 소비한다. 우리를 가동시키는 것이다.

Using Latin to concoct scientific names for his feats of engineering, Choe typically lands on an evocative three- or four-word sequence that underscores their inner workings. *Urbanus*, for instance, is *Anmopista Volaticus Floris Uram*, perfectly evoking a “flying flower.” The artist typically concludes the phrase with his given name, which by a delicious coincidence translates from that old tongue to “I will burn,” “I will consume,” or even “I will inflame.” These artworks do not just sit on pedestal or hang in space. They expend energy. They operate on us.

Another Choe invention, U.R.A.M. (United Research of Anima-Machines), “an international joint research institute,” has identified these objects, and it is studying them. It is prepared to provide long-term support, researching them, switching in new parts, fixing electrical systems, and so forth. It is a semi-fictionalized reminder that every artwork enters the world as a bet on an uncertain future, as a vessel for ideas, ideologies, and hopes (whether the artist is conscious of them or not). Over time, artists disappear; their artworks continue on. Hopefully.

One of Choe’s most recent, and most seductive, sculptures—a clear prototype for *Little Ark*—personifies this fact. It is titled *Orbis* (2020), which is circle or Earth, in Latin, and it is a long ship, leafed with gold and outfitted on each side with a long row of majestic paddles. The thin, wire-y tentacles at its bow and stern recall tree roots, or an underwater sea creature, something that is unruly and not to be contained. It is still finding its final form. All the while, its shimmering paddles are gliding up and down, pushing the boat into unknowable places and times. The same is true of *Little Ark*.

As the decades and centuries pass, the meaning

최우람이 창안한 "국제 연합 연구소" U.R.A.M. (기계생명체연합연구소, United Research of Anima-Machines)은 이러한 생명체들을 식별하고 연구 중이다. 장기적 지원, 연구, 부품 교체, 전기 시스템 수리 등을 할 수 있도록 준비되어 있다. 이것은 모든 예술 작품이 불확실한 미래를 추측하는 일종의 수단이 되면서 (작가가 이런 점을 의식하는지는 모르겠지만) 아이디어와 이데올로기, 희망을 담는 그릇으로 창조되었다는 점을 반半허구적으로 상기시켜준다. 작가들은 시간이 지나며 사라진다. 하지만 그들의 작품은 이어진다. 부디 그랬으면 한다.

가장 최근작인, 가장 매혹적인 조각 중 하나이자 <작은 방주>의 원형이 되는 작품은 이런 점을 잘 보여준다. 라틴어로 원 혹은 지구를 의미하는 <오르비스>(2020)는 금박을 입힌 긴 배 형상에 양쪽으로 장엄한 노가 길게 도열해 있다. 선수와 선미에 있는 얇고 철사 같은 촉수는 나무 뿌리나 해양생물, 통제와 제어가 불가한 무언가를 떠올리게 한다. 여전히 최종적 형태를 찾아가고 있는 모습이다. 그 사이, 반짝이는 노가 미끄러지듯 위아래로 움직이면서 알 수 없는 장소와 시간으로 배를 밀고 이끈다. <작은 방주> 역시 마찬가지다.

수십 년, 수백 년이 지난 뒤, 최우람이 만든 방주의 의미는 수많은 새로운 관람자를 맞이하고 그들을 매혹하면서 변할 것임에 틀림없다. 그러나 지금의 우리와 이 시대에 관한 몇 가지 중요한 사실을 그들에게 전해줄 거라는 점은 어느 정도 확신을 가지고 말할 수 있다. 먼저, 우리는 아직 세상에 대해 많은 것을 이해하지 못하고 있다는 사실이다. 다음으로, 그러한 신비감은 두려운 동시에 희망을 줬다는 점이다. 마지막으로, 우리는 스스로 초래한 파국과 불안 속에서도 계속 배우려고 노력하고, 놀라운 해법을 찾아내고, 계속해서 나아가려 했다는 것이다.

of Choe's ark will no doubt change as it confronts and enraptures new waves of viewers. But I think it can be said with some certainty that it will transmit to all of them a few important things about us and our present era. First, we knew there was a lot about the world that we did not yet understand. Second, that sense of mystery was daunting but also heartening. And third, amid all sorts of self-inflicted dissolution and precariousness, we were going to try to learn, create wondrous solutions, and press on.

At the MMCA, Choe has debuted a new video, *Exit* (2022), which presents a series of doors that he has compiled from both old movies and real life. As each one opens, another appears. They just keep coming, and it quickly becomes clear that the work's title is misleading: There will be no getting out of here. No matter. The journey is exhilarating, and we are venturing forward.

—Seoul, July 2022

최우람은 이번 국립현대미술관 전시에서 새로운 영상 작품인 <출구>(2022)를 처음으로 선보였다. 이 작품은 작가가 오래된 영화와 실생활에서 수집한 여러 문들을 보여준다. 하나의 문이 열리면 다른 문이 나타난다. 문이 끊임없이 나타나고 있음을 인지했을 때, 작품의 제목에 오해의 소지가 있다는 점이 분명해진다. 이곳에서 빠져나갈 수가 없다는 것을. 하지만 상관 없다. 이 여정은 활기가 넘치며, 우리는 위험을 무릅쓰고 앞으로 나아가고 있다.

—서울, 2022년 7월

작가 약력
출품작 목록
참고문헌

Biography
List of Works
Bibliography

최우람

1970, 서울 출생

학력

1999 중앙대학교 대학원 조소과 조소전공 졸업
1993 중앙대학교 조소과 졸업

개인전

2017 «스틸 라이프», 국립 대만 미술관, 타이중, 대만
2016 «스틸 라이프», 대구미술관, 대구, 한국
2013 «최우람: 램프샵 프로젝트», 갤러리 현대, 서울, 한국
«아니마», 보루산 컨템포러리, 이스탄불, 터키
2012 «최우람 개인전 2012», 갤러리 현대, 서울, 한국
«최우람», 존 커틴 갤러리, 퍼스, 호주
2011 «인 포커스», 아시아 소사이어티 뮤지엄, 뉴욕, 미국
2010 «새로운 도시 종들», 프리스트 시각예술 센터, 테네시, 미국
«칼파», 비트폼 갤러리, 뉴욕, 미국
2008 «기계생명체», 스카이 더 배스하우스, 도쿄, 일본
2007 «최우람», 크로우 컬렉션, 텍사스, 미국
2006 «새로운 동적 조각», 비트폼 갤러리, 뉴욕, 미국
«도시 에너지 - MAM 프로젝트 004», 모리미술관, 도쿄, 일본
2002 «울티마 머드폭스», 두아트 갤러리, 서울, 한국
2001 «170개의 박스로봇», 갤러리 헬로아트, 서울, 한국
1998 «문명∈숙주», 갤러리보다, 서울, 한국

그룹전 및 프로젝트

2021 «포항스틸아트페스티벌», 귀비고, 포항, 한국
«리움미술관 현대미술 소장전: 이상한 행성», 리움미술관, 서울, 한국
«강원국제트리엔날레 2021: 따스한 재생», 홍천, 한국
2020 «예술과 에너지: 에너지 교류기와 우리 삶의 저장소», 전북도립미술관, 완주, 한국
«현대 HYUNDAI 50 PART II», 갤러리 현대, 서울, 한국
«현대X일렉트라: 메타모포시스», 현대 모터스튜디오, 서울, 한국
2019 «APMA, 챕터 원-아모레퍼시픽미술관 소장품전», 아모레퍼시픽미술관, 서울, 한국
2018 «보태니카», 부산시립미술관, 부산, 한국
«2050, 미래에 대한 짧은 역사», 국립 타이완 미술관, 타이중, 대만
«대전비엔날레 2018: 바이오», 대전시립미술관, 대전, 한국
2017 «시간의 흔적», 제주도립 김창열미술관, 제주도, 한국
2016 «오디세이: 이름 없는 바다 항해», 싱가포르 아트 뮤지엄, 싱가포르
«확장.KR», 트라이엄프 갤러리, 모스크바, 러시아
«유토피아/헤테로토피아», 노스 실크 팩토리, 우전, 중국
2015 «새로운 빛-시선을 사로잡다», 메타피지컬 아트 갤러리, 타이베이, 대만

Choe U-Ram

1970, Lives and works in Seoul, Korea

Education

1999 Chungang University, Seoul, B.F.A.

1993 Chungang University, Seoul, M.F.A.

Solo Exhibitions

2017 *[stil laif]*, National Taiwan Museum of Fine Arts, Taichung, Taiwan

2016 *[stil laif]*, Daegu Art Museum, Daegu, Korea

2013 *Choe U-Ram: Lamp Shop Project*, Gallery Hyundai, Seoul, Korea

Anima, Borusan Contemporary, Istanbul, Turkey

2012 *Choe U-Ram Solo Show 2012*, Gallery Hyundai, Seoul, Korea

U-Ram Choe, John Curtin Gallery, Perth, Australia

2011 *In Focus*, Asia Society Museum, New York, USA

2010 *New Urban Species*, Frist Center for the Visual Arts, Tennessee, USA

Kalpa, Bitforms Gallery, New York, USA

2008 *Anima Machines*, SCAI The Bath House, Tokyo, Japan

2007 *U-Ram Choe*, Crow Collection, Dallas, USA

2006 *New Active Sculpture*, Bitforms Gallery, New York, USA

City Energy - MAM Project 004, Mori Art Museum, Tokyo, Japan

2002 *Ultima Mudfox*, DoArt Gallery, Seoul, Korea

2001 *170 Box Robot*, Hello Art Gallery, Seoul, Korea

1998 *Civilization Host*, Gallery Boda, Seoul, Korea

Group Exhibitions and Projects

2021 *Pohang Steel Art Festival*, Guibigo, Pohang, Korea

Contemporary Art Collection of Leeum Museum of Art: Strange Planet, Leeum Museum of Art, Seoul, Korea

Gangwon Triennale 2021: WARM REVITALIZATION, Hongcheon, Korea

2020 *Energy Exchanger & Reservoir in Our Life*, Jeonbuk Museum of Art, Wanju, Korea

HYUNDAI 50 PART II, Gallery Hyundai, Seoul, Korea

HYUNDAI X ELEKTRA: METAMORPHOSIS, Hyundai Motorstudio, Seoul, Korea

2019 *APMA, CHAPTER ONE-FROM THE APMA COLLECTION*, Amorepacific Museum of Art, Seoul, Korea

2018 *BOTANICA*, Busan Museum of Art, Busan, Korea

2050, A Brief History of the Future, National Taiwan Museum of Fine Arts, Taichung, Taiwan

Daejeon Biennale 2018: BIO, Daejeon Museum of Art, Daejeon, Korea

2017 *Trace of Time*, Kim Tschang-Yeul Art Museum, Jeju, Korea

2016 *Odyssey: Navigating Nameless Seas*, Singapore Art Museum, Singapore

EXTENSION.KR, Triumph Gallery, Moscow, Russia

«릴 3000 르네상스: 서울, 빨리, 빨리!», 르 트라이포스탈, 릴, 프랑스
«발효된 영혼», 워터폴 맨션, 뉴욕, 미국
«철이철철-사천왕상에서 로보트 태권브이까지», 포스코미술관, 서울, 한국
2014 «아시아 퍼시픽 브루어리 파운데이션 시그니처 아트 프라이즈 2014», 싱가포르 아트 뮤지엄, 싱가포르
«더 브릴리언트 아트프로젝트 2nd: 2014 드림 소사이어티-Xbrid», 서울미술관, 서울, 한국
«교감», 리움미술관, 서울, 한국
«신화/역사: 유즈 현대미술 컬렉션», 상하이 유즈 미술관, 상하이, 중국
«사물세계: 국제 뉴미디어 트리엔날레», 중국미술관, 베이징, 중국
2013 «포스트-휴머니스트 욕망: 현대미술 속 성과 디지털», 타이베이 현대미술관, 타이베이, 대만
«현장제작 설치 프로젝트: 최우람», 국립현대미술관, 서울, 한국
«후 이즈 앨리스?», 라이트박스, 베니스, 이탈리아
«한국미술, 대항해 시대를 열다!», 부산시립미술관, 부산, 한국
«운동 감각: 삶을 모방하는 예술», 프랫 맨해튼 갤러리, 뉴욕, 미국
«흐름, 단지 흐름: 테마의 변형», 조엘과 릴라 하넷 미술관, 버지니아, 미국
«DNA: 디자인 앤 아트», 대구미술관, 대구, 한국
2012 «코리안 아이 2012», 사치 갤러리, 런던, 영국
«두산갤러리 서울 재개관전: 두산 레지던시 아티스트 2009-2011», 두산갤러리, 서울, 한국
«구글 자이가이스트 2012», 더 그로브, 왓퍼드, 영국
2011 «크리에이터스 프로젝트: 뉴욕 2011», 덤보, 뉴욕, 미국
«소통의 알레고리», 최정아갤러리, 서울, 한국
«요셉의원을 도와라 Part 2», 126 맨션, 서울, 한국
2010 «메이드 인 팝랜드», 국립현대미술관, 과천, 한국
«파워하우스», 갤러리 현대, 서울, 한국
«향기로운 봄», 앙기엥레벵 아트센터, 앙기엥레벵, 프랑스
«아이로봇», 소마 미술관, 서울, 한국
«사이버네틱스-신철기시대의 대장장이», 포항시립미술관, 포항, 한국
2009 «아시아 현대미술의 영혼», 학고재갤러리, 서울, 한국
«신호탄», 국립현대미술관 서울관 건립 예정지, 서울, 한국
«가상선», 갤러리 현대, 서울, 한국
«노 롱거 엠프티: 변환의 반영», 칼레도니아, 뉴욕, 미국
«D AiR», 두산 갤러리 뉴욕, 뉴욕, 미국
«숨비소리», 제주도립미술관, 제주, 한국
«새벽 4시의 정원», 가나아트 뉴욕, 뉴욕, 미국
2008 «리버풀 비엔날레: 메이드 업», 팩트, 리버풀, 영국
«아시아 트리엔날레 맨체스터 08», 맨체스터 아트갤러리, 맨체스터, 영국
«오픈 스페이스 2008», NTT 인터커뮤니케이션 센터, 도쿄, 일본
2007 «비와코 비엔날레 2007: 공간의 영혼-수호신», 오미하치만, 일본

	Utopias/Heterotopias, North Silk Factory, Wuzhen, China
2015	*New Light-Catch Your Eye*, Metaphysical Art Gallery, Taipei, Taiwan
	Lille 3000 Renaissance: Séoul, vite, vite!, Le Tripostal, Lille, France
	Fermented Souls, Waterfall Mansion, New York, USA
	Cheori Cheolcheol-From the Four Devas to Robot Taekwon V, POSCO Art Museum, Seoul, Korea
2014	*Asia Pacific Breweries Foundation Signature Art Prize 2014*, Singapore Art Museum, Singapore
	The brilliant art project 2nd: Dream Society-Xbrid, Seoul Museum, Seoul, Korea
	Beyond and Between, Leeum Museum of Art, Seoul, Korea
	Myth/History: Yuz Collection of Contemporary Art, Yuz Museum Shanghai, Shanghai, China
	ThingWorld: International Triennial of New Media Art, National Art Museum of China, Beijing, China
2013	*Post-Humanist Desire: Sexuality and Digitality in Contemporary Art*, Museum of Contemporary Art, Taipei, Taiwan
	Site Specific Art Project: Choe U-Ram, National Museum of Modern and Contemporary Art, Seoul, Korea
	Who is Alice?, Spazio Lightbox, Venice, Italy
	Korean Art: An Age of Grand Navigation, Busan Museum of Art, Busan, Korea
	Kinesthetics: Art Imitating Life, Pratt Manhattan Gallery, New York, USA
	Flow, Just Flow: Variations on a Theme, Joel and Lila Harnett Museum of Art, Virginia, USA
	DNA: Design and Art, Daegu Art Museum, Daegu, Korea
2012	*Korean Eye 2012*, Saatchi Gallery, London, United Kingdom
	Re-Opening DOOSAN Gallery Seoul: DOOSAN Residency Artists 2009-2011, DOOSAN Gallery, Seoul, Korea
	Google Zeitgeist 2012, The Grove, Watford, United Kingdom
2011	*The Creators Project: New York 2011*, DUMBO, New York, USA
	Allegory of Communication, Choijungah Gallery, Seoul, Korea
	Code Name: Save Joseph Clinic Part 2, 126 Mansion, Seoul, Korea
2010	*Made in Popland*, National Museum of Modern and Contemporary Art, Gwacheon, Korea
	Powerhouse, Gallery Hyundai, Seoul, Korea
	Printemps Parfume, Centre des Arts d'Enghien-les-Bains, Enghien-les-Bains, France
	i-Robot, Seoul Olympic Museum of Art, Seoul, Korea
	Cybernetics-Blacksmith in the Neo Iron Age, Pohang Museum of Steel Art, Pohang, Korea
2009	*SACA-Soul of Asian Contemporary Art*, Hakgojae Gallery, Seoul, Korea
	Beginning of New Era, Construction Site of National Museum of Modern and Contemporary Art Seoul, Seoul, Korea
	The Imaginary Line, Gallery Hyundai, Seoul, Korea
	No Longer Empty: Reflecting Transformation, Caledonia, New York, USA

«2007 썸머 그룹 쇼», 비트폼 갤러리, 뉴욕, 미국
«2007 아르코 아트페어», 페리아 데 마드리드 전시관, 마드리드, 스페인
2006 «6회 상하이비엔날레: 하이퍼디자인», 상하이미술관, 상하이, 중국
«서울숲 야외환경조각», 서울숲, 서울, 한국
2005 «비트폼 서울 개관전», 비트폼 서울, 서울, 한국
«하드코어머신», 아트페이스 휴, 서울, 한국
«인공의 지평», 치우금속공예관, 과천, 한국
2004 «삼성미술관 리움 개관전», 리움미술관, 서울, 한국
«정지와 움직임», 서울올림픽미술관, 서울, 한국
«2004 부산 비엔날레: 틈», 부산시립미술관, 부산, 한국
«꿈나비 2004: 디지털 놀이터», 서울랜드 특별전시관, 과천, 한국
«중국국제화랑박람회», 국제과학기술센터, 베이징, 중국
«오피시나 아시아», 볼로냐 현대미술관, 볼로냐, 이탈리아
«아모리 쇼», 피어 90 & 92, 뉴욕, 미국
2003 «예술가는 마법사», 갤러리 아트사이드, 서울, 한국
«페이크 & 판타지», 아트센터 나비, 서울, 한국
«국제디지털아트페스티벌», 의정부예술의전당, 의정부, 한국
«아트 언더 더 브리지 페스티벌», 덤보, 뉴욕, 미국
«미술 속의 만화, 만화 속의 미술», 이화여자대학교박물관, 서울, 한국
«프린스 & 프린세스», 갤러리 현대, 서울, 한국
«일렉트릭 파워», 한전프라자갤러리, 서울, 한국
2002 «커밍 투 아워 하우스», 신사동 주택, 서울, 한국
«미술로 보는 월드컵», 조선일보미술관, 서울, 한국
«공간, 그 무한한 가능성» (공연), 예술의전당 자유소극장, 서울, 한국
«곤충의 행성», 서호 미술관, 남양주, 한국
«몽환», 몽환, 서울, 한국
«뉴 페이스 2002», 토탈야외미술관, 장흥, 한국
«상상력과 호기심», 인사아트센터, 서울, 한국
2001 «작업하기 영도», 갤러리보다, 서울, 한국
«현대미술의 두 극점 읽기», 동덕아트갤러리, 서울, 한국
«디지털아트 네트워크», 테크노마트, 서울, 한국
«쿨룩이와 둠박해 2», 금호미술관, 서울, 한국
«인공생명», 부산시립미술관, 부산, 한국
«꿈나비 2001», 아트센터 나비, 서울, 한국
2000 «조각놀이공원», 성곡미술관, 서울, 한국
«중앙조각회», 종로갤러리, 서울, 한국
«머리가 좋아지는 그림», 갤러리사비나, 서울, 한국
«불-임», 문예진흥원 미술회관, 서울, 한국

	D AiR, DOOSAN Gallery New York, New York, USA
	SU:MBISORI, Jeju Museum of Art, Jeju, Korea
	The Garden at 4AM, Gana Art New York, New York, USA
2008	*Liverpool Biennial: Made Up*, FACT, Liverpool, United Kingdom
	Asia Triennial Manchester 08, Manchester Art Gallery, Manchester, United Kingdom
	Open Space 2008, NTT Intercommunication Center, Tokyo, Japan
2007	*Biwako Biennale 2007: Spirit of Place-Genius Loci*, Omi Hachiman, Japan
	2007 Summer Group Show, Bitforms Gallery, New York, USA
	ARCO 2007, Institución Ferial de Madrid, Madrid, Spain
2006	*6th Shanghai Biennale: Hyper Design*, Shanghai Art Museum, Shanghai, China
	Seoul Forest Open Air Sculpture Symposium, Seoul Forest Park, Seoul, Korea
2005	*Bitforms Seoul Inaugural*, Bitforms Gallery Seoul, Seoul, Korea
	Hardcore Machine, Art Space Hue, Seoul, Korea
	Beyond Artifice, Chiwoo Craft Museum, Gwacheon, Korea
2004	*Leeum, Samsung Museum of Art Opening Exhibition*, Leeum Museum of Art, Seoul, Korea
	Stillness & Movement, Seoul Olympic Museum of Art, Seoul, Korea
	Busan Biennale: Chasm, Busan Museum of Art, Busan, Korea
	Dreaming Butterfly 2004: Digital Playground, Seoulland Event Hall, Gwacheon, Korea
	China International Gallery Exposition, International Science and Technology Centre, Beijing, China
	Offisina Asia, Galleria d'Arte Moderna, Bologna, Italia
	The Armory Show, Pier 90 & 92, New York, USA
2003	*Artist is a Magician*, Gallery Artside, Seoul, Korea
	Fake & Fantasy, Art Center Nabi, Seoul, Korea
	International Digital Art Festival, Uijeongbu Arts Center, Uijeongbu, Korea
	Art Under the Bridge Festival, DUMBO, New York, USA
	Comics in Art, Art in Comics, Ewha Womans University Museum, Seoul, Korea
	Prince & Princess, Gallery Hyundai, Seoul, Korea
	Electric Power, KEPCO Plaza Gallery, Seoul, Korea
2002	*coming to our house*, Sinsa-dong House, Seoul, Korea
	Football Through Art, Chosun Ilbo Art Museum, Seoul, Korea
	Space! Unlimited Possibility (performance), Jayu Theater, Seoul Arts Center, Seoul, Korea
	The Planet of Insects, Seoho Art Museum, Namyangju, Korea
	Faery, Monghwan, Seoul, Korea
	New Face 2002, Total Outdoor Museum, Jangheung, Korea
	Imagination & Curiosity, Insa Art Center, Seoul, Korea
2001	*Working Degree Zero*, Gallery Boda, Seoul, Korea
	Reading the Two Poles of Contemporary Art, Gallery Dongduk, Seoul, Korea

«시대의 표현-눈과 손», 예술의전당 한가람미술관, 서울, 한국
«예기치 않은 방문 III-유별난 집», 일민 미술관, 서울, 한국
1999 «가제트 공화국», 갤러리창고, 고양, 한국
«한국 현대미술 90년대의 정황», 엘렌 킴 머피 갤러리, 서울, 한국
«도시와 영상», 서울시립미술관, 서울, 한국
«데몬스트레이션 버스», 성곡미술관, 서울, 한국
«중앙조각회», 문예진흥원 미술회관, 서울, 한국
«99 아홉 용머리», 청주박물관, 청주, 한국
«신성모독», 토탈미술관, 서울, 한국
«미메시스의 정원-생명에 관한 테크놀러지 아트», 일민 미술관, 서울, 한국
1998 «98 아홉 용머리», 대청호, 청주, 한국
«중앙조각회», 토탈야외미술관, 장흥, 한국
1997 «가칭 삼백 개의 공간», 담갤러리, 서울, 한국
«제2회 광주 비엔날레 특별전: 청년정신», 광주시립미술관 교육홍보관, 광주, 한국 (Sound Group 그룹으로 참여)
«중앙조각회», 서남미술관, 서울, 한국
«소리 II», 유경 갤러리, 서울, 한국

수상 및 레지던시

2014 시그니처 아트 프라이즈 최종 후보, 아시아 퍼시픽 브루어리 파운데이션, 싱가포르
오토데스크 아티스트 인 레지던스 프로그램, 캘리포니아, 미국
2009 두산 레지던시 뉴욕, 뉴욕, 미국
김세중 청년조각상 수상, 김세중 기념 사업회, 한국
2006 오늘의 젊은 예술가상 미술 부문 수상, 문화관광부, 한국
제1회 포스코스틸아트 어워드 대상 수상, 포스코청암재단, 한국

Digital Art Network, Techno Mart, Seoul, Korea
Children Special Exhibition, Kumho Museum of Art, Seoul, Korea
Artificial Life, Busan Museum of Art, Busan, Korea
Dreaming Butterfly 2001, Art Center Nabi, Seoul, Korea

2000 *Sculpture Amusement Park*, Sungkok Art Museum, Seoul, Korea
Chungang Sculpture Society, Jongno Gallery, Seoul, Korea
Painting Making Us Bright, Savina Gallery, Seoul, Korea
Im-pregnancy, Fine Art Center, Korean Culture & Arts Foundation, Seoul, Korea
Expression of Age-Eyes and Hands, Hangaram Art Museum, Seoul, Korea
Unexpected Visit III-A Unique House, Ilmin Museum of Art, Seoul, Korea

1999 *Republic of Gadget*, Gallery Warehouse, Goyang, Korea
Korean Contemporary Art Trends in the 90s, Ellen Kim Murphy Gallery, Seoul, Korea
Seoul Lumia of Century in Media, Seoul Museum of Art, Seoul, Korea
Demonstration Bus, Sungkok Art Museum, Seoul, Korea
Chungang Sculpture Society, Fine Art Center, Korean Culture & Arts Foundation, Seoul, Korea
99 Nine Dragon Heads, Cheongju National Museum, Cheongju, Korea
Blasphemy, Total Museum of Contemporary Art, Seoul, Korea
Garden of Mimesis-A Note on the Life Written by Technology Artists, Ilmin Museum of Art, Seoul, Korea

1998 *98 Nine Dragon Heads*, Daecheong Dam, Cheongju, Korea
Chungang Sculpture Society, Total Outdoor Museum, Jangheung, Korea

1997 *Three Hundred Spaces*, Dam Gallery, Seoul, Korea
2nd Gwangju Biennale Special Exhibition: Gwangju Aperto, Gwangju Museum of Art Education & PR Hall, Gwangju, Korea (participated as Sound Group)
Chungang Sculpture Society, Seonam Art Museum, Seoul, Korea
Sound II, Yookyung Gallery, Seoul, Korea

Awards & Residencies

2014 Signature Art Prize Finalist, Asia Pacific Breweries Foundation, Singapore
Autodesk Artists in Residence Program, California, USA

2009 DOOSAN Residency New York, New York, USA
Kim Se-Choong Sculpture Award for Young Artist, Kim Se-Choong Commemoration Foundation, Seoul, Korea

2006 Today's Young Artist Award for Fine Arts Sector, Ministry of Culture and Tourism, Korea
POSCO Steel Art Award Grand Prize, POSCO TJ Park Foundation, Korea

출품작 목록
List of Works

원탁 *Round Table*
2022

알루미늄, 인조 밀짚, 기계 장치,
동작 인식 카메라, 전자 장치
aluminum, artificial straw, machinery, motion capture camera, electronic device

110 x 450 x 450 cm

검은 새 *Black Birds*
2022

폐 종이 박스, 금속 재료, 기계 장치, 전자 장치
recycled cardboard boxes, metallic material, machinery, electronic device

가변설치 (3)
dimensions variable

하나 *One*
2020

금속 재료, 타이벡에 아크릴릭, 모터,
전자 장치 (커스텀 CPU 보드, LED)
metallic material, acrylic on soft Tyvek, motor, electronic device (custom CPU board, LED)

250 x 250 x 180 cm

제작지원 갤러리 현대
Production supported by Gallery Hyundai

작은 방주 *Little Ark*
2022

폐 종이 박스, 금속 재료, 기계 장치,
전자 장치 (CPU 보드, 모터)
recycled cardboard boxes, metallic material, machinery, electronic device (CPU board, motor)

210 x 230 x 1272 cm

등대 *Lighthouse*
2022

유리, 금속 재료, 기계 장치,
전자 장치 (CPU 보드, 모터, LED)
glass, metallic material, machinery, electronic device (CPU board, motor, LED)

553 x 121 x 121 cm

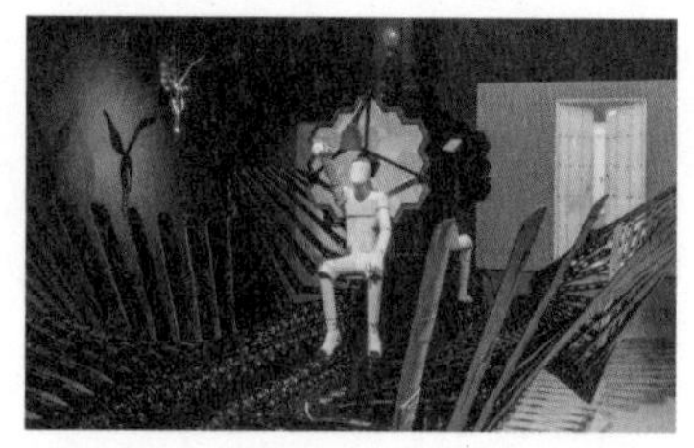

두 선장 *Two Captains*
2022

폐 종이 박스, 금속 재료
recycled cardboard boxes, metallic material

170 x 60 x 80 cm
177 x 70 x 70 cm

제임스 웹 *James Webb*
2022

폐 종이 박스, 금속 재료
recycled cardboard boxes, metallic material

127 x 120 x 80 cm (2)

무한 공간 *Infinite Space*
2022

거울, 유리, 금속 재료, 기계 장치,
전자 장치 (CPU 보드, 모터, LED)
mirror, glass, metallic material, machinery, electronic device (CPU board, motor, LED)

196 x 96 x 66 cm (2)

닻 *Anchor*
2022

레진, 아크릴릭, 스테인리스 스틸
resin, acrylic, stainless steel

73 x 60 x 54 cm

천사 *Angel*
2022

레진, 24K 금박, 스테인리스 스틸
resin, 24K gold leaf, stainless steel

162 x 133 x 56 cm

출구 *Exit*
2022

단채널 영상, 컬러
single channel video, color

<작은 방주> 설계 드로잉
Drawing for the Design of *Little Ark*
2021-2022

장판지에 아크릴릭
acrylic on Korean traditional paper

64 x 88 cm (2)

<빨강> 설계 드로잉
Drawing for the Design of *Red*
2021-2022

장판지에 아크릴릭
acrylic on Korean traditional paper

64 x 88 cm (2)

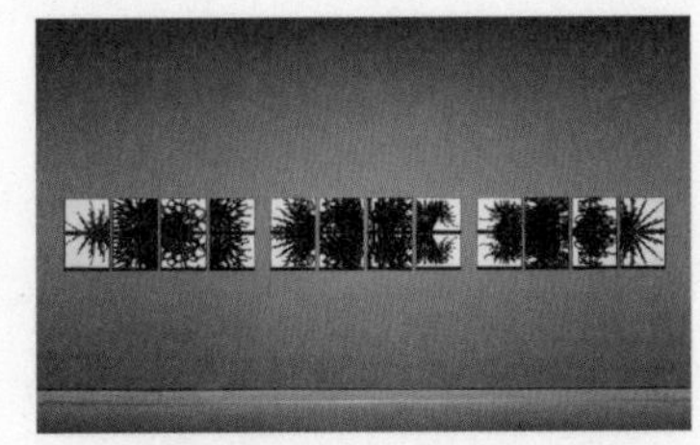

<하나> 설계 드로잉
Drawing for the Design of *One*
2021-2022

장판지에 아크릴릭
acrylic on Korean traditional paper

30 x 42 cm (24)

<하나> 설계 드로잉
Drawing for the Design of *One*
2021-2022

장판지에 아크릴릭
acrylic on Korean traditional paper

30 x 42 cm (4)

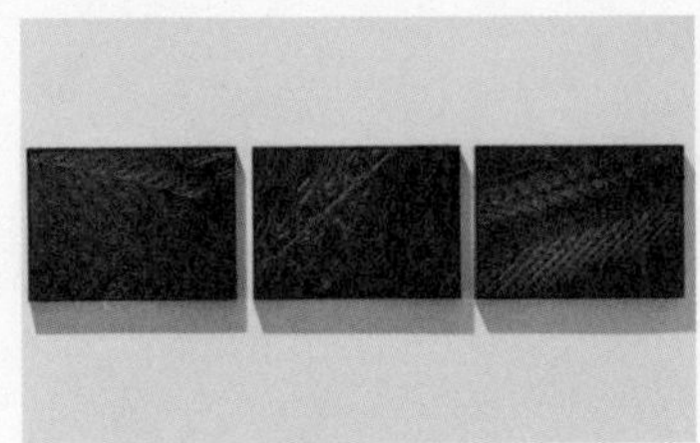

<작은 방주> 설계 드로잉
Drawing for the Design of *Little Ark*
2021-2022

장판지에 아크릴릭
acrylic on Korean traditional paper

30 x 42 cm (3)

<등대> 설계 드로잉
Drawing for the Design of *Lighthouse*
2021-2022

장판지에 아크릴릭
acrylic on Korean traditional paper

30 x 42 cm

빨강 *Red*
2021

금속 재료, 타이벡에 아크릴릭, 모터, 전자 장치 (커스텀 CPU 보드, LED)
metallic material, acrylic on soft Tyvek, motor, electronic device (custom CPU board, LED)

223 x 220 x 110 cm

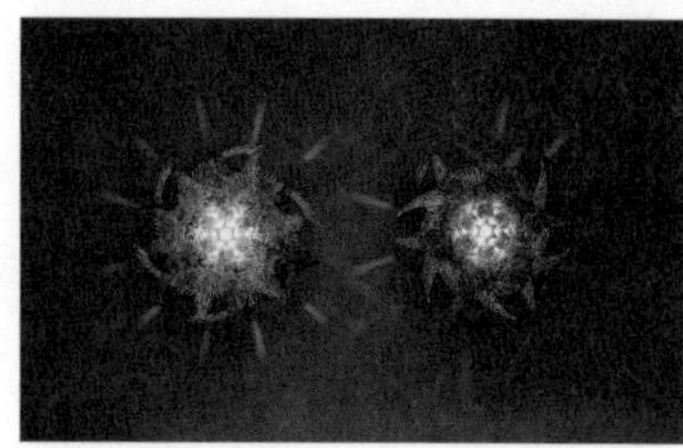

샤크라 램프 *Cakra Lamp*
2013

금속 재료, 기계 장치,
전자 장치 (CPU 보드, 모터, LED)
metallic material, machinery,
electronic device (CPU board, motor, LED)

57 x 57 x 21 cm (2)

알라 아우레우스 나티비타스
Ala Aureus Nativitas
2022

금속 재료, 기계 장치, 전자 장치 (CPU 보드, 모터, LED)
metallic material, machinery,
electronic device (CPU board, motor, LED)

가변설치 (3)
dimensions variable

사인 *Sign*
2022

네온사인
neon sign

90 x 90 x 8 cm

URC-1 *URC-1*
2014

현대자동차 전조등, 철, COB LED,
알루미늄 레디에이터, DMX 콘트롤러, PC
Hyundai Motor headlights, steel, COB LED,
aluminum radiator, DMX controller, PC

296 x 312 x 332 cm

울산시립미술관 소장
Collection of Ulsan Art Museum

URC-2 *URC-2*
2016

현대자동차 후미등, 금속 재료, LED,
커스텀 CPU 보드, PC
Hyundai Motor taillights, metallic material,
LED, custom CPU board, PC

170 x 180 x 230 cm

참고 문헌 목록
Bibliography

『공동번역 성서』, 대한성서공회, 1977.
갤러리현대, 『최우람 *Choe U-Ram*』, 전시도록, 서울: 갤러리현대, 2012.
그로스본가르트, 아테네, 요하네스 잘츠베델 엮음, 『성서, 인류의 영원한 고전』, 이승희 옮김, 21세기북스, 2019.
니체, 프리드리히, 『즐거운 학문, 메시나에서의 전원시』, 안성찬, 홍사현 옮김, 책세상, 2005.
대구미술관, 『DNA : Design and Art』, 전시도록, 대구: 대구미술관, 2013.
대구미술관, 『스틸 라이프, 최우람 *[stil laif] Choe U-Ram*』, 전시도록, 대구: 대구미술관, 2016.
두아트, 『가상선 *The Imaginary Line*』, 전시도록, 서울: 두아트, 2009.
박호용, 「심판과 구원」, 『설교자를 위한 성경 연구』 vol. 8, no. 7, (2002): 2~4.
베라르디, 프랑코 '비포', 『미래 가능성』, 이신철 옮김, 에코리브르, 2021.
베라르디, 프랑코 '비포', 『미래 이후』, 강서진 옮김, 난장, 2013.
벤야민, 발터, 「역사의 개념에 대하여」, 『발터 벤야민 선집 5』, 최성만 옮김, 도서출판 길, (2009): 336~348.
부산시립미술관, 『인공생명 *Artificial Life*』, 전시도록, 부산: 부산시립미술관, 2001.
브란트, 제바스티안, 『바보배』, 노성두 옮김, 안티쿠스, 2007.
맥다니엘, 크레이그, 진 로버트슨, 『테마 현대미술 노트』, 문혜진 옮김, 두성북스, 2011.
문혜진, 「확장된 자동기계의 꿈: 최우람의 기계생명체」, 『월간미술』, (2013년 12월): 118~125.
웬함, 고든, 『성경 전체를 여는 문, 창세기 1-11장 다시 읽기』, 차준희 옮김, 한국기독학생회출판부, 2020.
오웰, 조지, 『1984』, 정회성 옮김, 민음사, 2003.
이문정, 「최우람의 키네틱 조각에 나타난 인간 존재의 양가성과 종교성」, 『기초조형학연구』 22권 54호, (2021): 307~320.
이재은, 「포스트휴먼의 꿈, 최우람의 '기계 생명체'를 중심으로」, 『탈경계인문학』 vol. 14, no. 2, 30집, (2021년 10월): 55~84.
이진숙, 『미술의 빅뱅: 한국의 젊은 예술가들, 새로운 감각을 열다』, 민음사, 2010.
조지, 앤드류, 『길가메시 서사시』, 공경희 옮김, 현대지성, 2021.
진중권, 『미디어아트: 예술의 최전선: 예술과 과학의 연금술사』, 휴머니스트, 2009.
최성철, 「파국과 구원의 변증법: 발터 벤야민의 탈역사주의적 역사철학」, 『서양사론』 no. 79, (2003): 80~81.
최우람, 『기계과학문명의 비판을 통한 기계생명체의 표현 연구 – 본인의 작품을 중심으로』, 석사학위논문, 중앙대학교, 1998.
최우람, 『Choe U-RAM』, Choe U-Ram Studio, 2015.
쿠퍼, 진, 『그림으로 보는 세계 문화 상징 사전』, 이윤기 옮김, 까치, 1994.
페소아, 페르난두, 『불안의 책』, 오진영 옮김, 문학동네, 2015.
필벡, 토머스, 「포스트휴먼 자아: 혼합체로의 도전」, 『인간과 포스트휴머니즘』, 이화인문과학원 편, 이화여자대학교출판부, (2013): 26~30.
하루히코, 시라토리 엮음, 『니체의 말』, 박재현 역, 삼호미디어, 2010.
한상원, 『앙겔루스 노부스의 시선』, 에디투스, 2018.
헤어브레히터, 슈테판, 『포스트휴머니즘』, 성균관대학교출판부, (2012): 33~37.

Ciclitira, Serenella, *Korean Eye : Contemporary Korean Art*, Skira, 2010.
Freud, Sigmund, *Totem and Taboo*, Outlook Verlag, 2020.
Foucault, Michel, *The Order of Things, An Archaeology of the Human Sciences*, Vintage Books, 1994.
Hughes, Ted, *A Ted Hughes Bestiary: Poems*, Farrar, Straus and Giroux, 2016.
Kelley, Mike, *Foul Perfection: Essays and Criticism*, edited by John C. Welchman, Massachusetts Institute of Technology, 2003.
Khatchadourian, Raffi, "A Star in a Bottle," *The New Yorker*, March 3, 2014.
Le Corbusier, *Aircraft: The New Vision*, London and New York: The Studio Publications, 1935.
Lowey, Raymond, *Locomotive: The New Vision*, London and New York: The Studio Publications, 1937.
Mori Art Museum, *MAM Project 004 - CHOE U-RAM*, exh. cat., Tokyo: Mori Art Museum, 2016.
National Taiwan Museum of Fine Arts, *CHOE U-RAM [stil laif]*, exh. cat., Taiwan: National Taiwan Museum of Fine Arts, 2017.
Vries, Arthur de, *Elsevier's Dictionary of Symbols and Imagery*, Elsevier, 2004.